方法论

小米制胜之道

周高华◎编著

地震出版社

图书在版编目（CIP）数据

方法论：小米制胜之道 / 周高华编著 . — 北京：
地震出版社，2018.9
ISBN 978-7-5028-4814-9

Ⅰ.①方…　Ⅱ.①周…　Ⅲ.①移动通信－电子工业－
工业企业管理－经验－中国　Ⅳ.① F426.63

中国版本图书馆 CIP 数据核字 (2018) 第 163628 号

地震版　XM4203

方法论——小米制胜之道

周高华　编著
责任编辑：范静泊
责任校对：凌　樱

出版发行：**地震出版社**

北京市海淀区民族大学南路 9 号　　　　　邮编：100081
发行部：68423031 68467993　　　　　传真：88421706
门市部：68467991　　　　　　　　　　传真：68467991
总编室：68462709 68423029　　　　　传真：68455221
市场图书事业部：68721982
E-mail：seis@mailbox.rol.cn.net
http://www.dzpress.com.cn

经销：全国各地新华书店
印刷：大厂回族自治县正兴印务有限公司

版（印）次：2018 年 9 月第一版　　2018 年 9 月第一次印刷
开本：700×1000　　1/16
字数：186 千字
印张：15
书号：ISBN 978-7-5028-4814-9/F(5513)
定价：48.00 元

前　　言

　　2018年下半年以来，"小米申请上市""小米7月初至7月中旬挂牌"的消息铺天盖地席卷而来，小米公司一次又一次地进入大众视野，更吸引了众多企业的关注。毕竟就在两年前，小米创始人兼CEO还坚称"小米五年内不上市"，如今却在五年期限之内便要提前上市，这使整个行业感到震惊之余，更多的是对小米加快步伐在短期内就能成功上市而赞叹不已。

　　的确，小米公司自2010年3月3日成立至今，短短几年时间，一直都在扶摇直上，其发展速度异常惊人。早在2014年，小米融资11亿美元、估值达到450亿美元的时候，美国《华尔街日报》就将小米列为全球估值最高的科技创业公司之一。这也就意味着，当时即便是全球经济最为发达、强劲的美国科技企业也不过如此。这样的评价无异于将小米一举捧上了神坛。

虽然小米在业界已经名声赫赫，但小米作为一家互联网公司，一直坚持与时俱进的发展理念。为了能够进一步提升自我竞争力，小米在中间经历了一段转型的低谷期。但在成功逆袭之后，发展速度更加迅猛，让很多企业瞠目结舌、自叹不如。毫不夸张地说，小米是国产智能手机的领头羊之一。

雷军早期的远大理想是要把小米做成一个国际化大企业，把小米做成一个多元化的大平台，而不仅限于做手机。如今，小米公司已经开始将"触角"伸向其他领域，在手机产品的基础上将产品线进行延伸，涵盖的产品品类十分丰富，包括手机及其周边，如小米手机、移动电源、智能音箱、手环等；日常家居用品，如衣服、床垫、雨伞、拉杆箱等；传统家电，如电饭煲、净水器、插线板等；酷玩类产品，如平衡车、无人机、尤克里里等；智能家庭类，如路由器、摄像头、扫地机器人等。这些产品为小米带来了巨大盈利，让小米带上了奇迹的光环。小米呈逐年上升趋势并跨过千亿门槛的营收额、以及数百万狂热粉丝的追捧就是最好的见证。

小米公司的产品线如此庞大，也因此引来了很多新势力闯入智能手机及其他领域，甚至效仿小米，以期分得一杯羹，但他们始终走在模仿的路上，却从未超越过小米。因为他们还没有找到小米成功的精髓。

一切成功，都是源自不懈的付出和努力。小米的成功也绝非偶然，而是有章可循的。小米能够顺应互联网、移动互联网时代，在创建小米初期，就将小米的发展方向定位为"软件+硬件+互联网服务"模式，然而，随着时代的不断发展，小米顺应互联网瞬息万变的特点，将自己的发展方向进行了调整，将"硬件+新零售+互联网服务"模式作为全新的发展方向。其实，无论做什么产品，无论将什么模式作为发展方向，小米公司坚持"为发烧而生"的理念从未改变，用"专注、极致、口碑、快"将产品做到最好的心态也从未改变。自始至终，小米都能让用户获得更加完美的体验。不忘初心，这是小米能够一直扶摇直上的原因。

那么小米的成功究竟有什么"法门"呢？本书将用十大方法论为读者一一揭晓答案。

本书从趋势、人才、产品、运营、营销、管理、合作、竞争、技术等九个维度，通过通俗易懂的语言，借助丰富的小米公司操作实例，详细解密小米成功的内在原因。

阅读本书，希望能够帮助读者读懂小米商业发展成功的真谛。一个企业所取得的成功和辉煌背后的原因远比企业本身更值得我们关注。小米的成功对于绝大多数互联网企业借鉴和学习具有普适性，但不同的企业本身又独具特色，唯有结合自身特点，再加上小米成功的精髓，才能助推企业在商业大潮中收获成功。

01

八年奋斗史，
成功源自懂方法且敢坚持

　　"宝剑锋从磨砺出，梅花香自苦寒来"，自小米公司踏入手机市场以来，经历了诸多波折，也发生了诸多改变：先是诺基亚陨落，后是苹果、三星异军突起，如今，国内的手机市场格局已经发生了翻天覆地的变化。然而，无论市场如何改变，小米始终不忘初心，坚持打造更好的产品。在历经手机市场动荡之后，小米依然能够稳如泰山地立足于国内市场，并走向国际，这一切都证明了小米的成功是必然的，是源自懂方法且敢坚持，而不是巧合。

| 一流的领导才能创造一流的企业 |

时势造英雄，当前是一个英雄辈出的年代，不同的时事造就不同的人才，雷军正是这个时代诞生的英雄人物。他进入社会以来，从一个名不见经传的员工再到集光辉与荣耀于一身的领导，再到一个历经坎坷、见证奇迹的创业者，是当代当之无愧的传奇人物。而他所带领的小米公司，则更是堪称"一流企业"。

投身金山事业16年

高中毕业后，雷军毅然地选择了计算机专业，并被武汉大学录取，成功成为一名计算机系的学生，自此也为雷军打开一扇神奇的IT大门打下了良好的基础。

就读大三的时候，雷军突发奇想，与同学冯志宏一起编写了名叫"免疫90"的商业软件。虽然雷军只赚到了区区几百元，但这却让雷军从此走上了程序员之路。在大四的时候，受乔布斯传记《硅谷之火》中创业故事的影响，雷军与王全国、李儒雄一起创建了"三色"公司，主要是仿制汉卡。但随后一家规模比他们大的公司出现，并盗版了他们的产品，之后该公司规模越来越大，与雷军的公司打起了价格战。最终"三色"没有坚持多久就倒闭了。

此后，雷军退出了"三色"团队，继续走上新的编程之路。1992年，雷军进入金山，是金山的第6名员工。起初，他在金山只是一个普通的程序员，到了第二年，雷军已经凭借自己的不懈努力成功晋升为金山公司的常务副总裁。雷军是一个凡事都追求极致的人，做程序员如此，做管理员也同样如此。雷军每天从早上9点开始工作，一直坚持到晚上11点左右才会离开公司，因此，雷军成了大家眼中勤勤恳恳的"劳模"。在互联网时代，很多成功的企业家都是非常张扬的，然而雷军却表现出与众不同的风格，他行事低调，做事沉着稳定，只要认准了目标就会坚持做下去。对于"劳模"这个评价，雷军并没有放在心上，依旧一如既往地全身心投入到工作中。

1994年，微软带着全新的产品Word 4.0进军中国，并希望以此占领中国软件市场。雷军意识到当时的DOS系统迟早会被Windows系统所取代，所以金山要想在软件市场争得一席之地，就需要积极开发出基于Windows操作系统的应用软件，否则就会面临被市场淘汰的威胁，于是雷军又投身到一个新的汉字处理软件"盘古"上，从而为金山的发展开辟出一个新天地。

　　然而，不幸的是，虽然雷军倾尽了全力，投资超过200万人民币，但三年后在销售的环节中却表现出极不理想的销量，因此只能惨淡收场。雷军对这件事非常自责，觉得自己的所有努力都付诸东流。在遭到如此巨大的挫折之后，雷军虽然有些失望，但最初的梦想依然还在，他带领着员工重整旗鼓，开始将目光放在打造一些小产品上。微软对于这些小产品表现出不屑一顾的样子，而对于金山来讲，这些小产品却成了金山能够在竞争对手巨大的挤压下依然能存活下来的"救命稻草"。

　　后来，"金山词霸Ⅰ""金山词霸Ⅱ"在市场上占领了重要位置，将金山从破产边缘拉了回来。此后，雷军又酝酿了一场大动作——开发了WPS97，从而使得金山打了一个漂亮的翻身仗。紧随其后，"金山词霸Ⅲ"诞生。在一场低价格维护正版权益的战争中，金山又一次以"金山词霸2000""金山快译2000"的巨大销量垄断了市场。

　　2007年，金山上市，然而雷军却在这个功成名就的时刻选择了急流勇退。雷军一路走来，带领着金山脱离了一次次险境，并一步步走向辉煌，而且还走出了国门，走向了世界，但最终，雷军认为自己还有更重要的事情要做，所以在2007年选择离开了金山。他在22岁最好的年华进入了金山，在38岁的时候离开了金山。他将自己一生中最宝贵的时间留在了金山，同时也在互联网行业中留下了一段传奇。

创办小米科技，《硅谷之火》可以燎原

　　雷军一直以来都很喜欢马丁·路德金的那句"I have a dream（我有一

个梦想）"，并将这句话作为自己人生的座右铭，他认为每个人"因梦想而伟大"。

雷军也因此曾说过这样一句话："大家认为我对互联网行业来说，40岁已经老了，应该退休了，还折腾什么？但是我特意查了一下，敬爱的柳传志是40岁创业的，任正非是43岁，我觉得我40岁重新开始也没有什么大不了的，我坚信人因梦想而伟大，只要我有这么一个梦想，我就此生无憾。"

显然，雷军的初心从未改变，而他最初受到《硅谷之火》的影响，在多年之后依然可以让雷军对事业热血沸腾，因此，他后来确立了自己的人生梦想——打造一家世界一流的企业。

2008年12月10日，是雷军40岁生日，这天本来应该是开开心心的一天，然而，雷军在自己的生日宴会上却一点也高兴不起来。雷军满脸忧郁，大家听他讲述心中的苦闷，知道雷军是一个闲不下来的人，必须让他忙碌起来。然而一旦让他忙碌起来，就意味着要有一个全新的开始，全新的开始就代表着雷军要面临很多困难和挑战，大家都在想：雷军已经40岁了，还能经得起折腾吗？

雷军的老部下黎万强看出了雷军的心思和担忧，他说："40岁才刚刚开始，你怕什么啊？"黎万强的这句话就像是为雷军的未来照亮了前行的路，他一下子感觉豁然开朗。的确，40岁，还不老，还可以做很多事情。于是，2010年3月3日，雷军创办了小米科技公司。

在问及为何要创办小米时，雷军在一次交流会上给出了这样的答案："2007年金山上市以后我就算退出江湖了，每天睡觉睡到自然醒，从来不约第三天的事情，凡事只约今天和明天，因为太累。这样待了三四年，直到40岁进入不惑之年，突然有一天我觉得人不能这样过一辈子，还得有点儿追求和梦想，万一实现了呢？"

不难看出，雷军创办小米是为了实现自己的梦想。从金山走出来之后，雷军并没有停止事业的脚步，虽然已经进入不惑之年，却选择了自己从未接触过的手机行业。对于雷军从软件行业转向手机行业，大家都不理解，没看明白雷军究竟是怎么想的。

其实，雷军在很早的时候就已经对手机产生了热情，这还得从乔布斯的iPhone说起。2007年1月9日第一代iPhone上市，给全世界带来了震撼，也深深地吸引了雷军，雷军也成了众多"果粉"中的一员。正是由于iPhone的巨大魅力，使得雷军开始迷上了手机，他还买了很多iPhone送给别人。但对iPhone了解多了之后，雷军发现，其实iPhone也有很多不尽如人意的地方，如待机时间不是很长、使用手感差，最让人在使用中感到反感的是信号不稳定。此时，雷军就希望自己能够制造出一款使用体验更加完美的手机，虽然未必能与iPhone相媲美，但却可以向自己的偶像乔布斯致敬。

不仅如此，雷军对手机的狂热似乎已经达到了"无法自控"的境界。他平均每年更换4部手机，平均为每部手机支出的费用为3620元，经过他手的手机有很多品牌，如诺基亚、爱立信、摩托罗拉、黑莓、多普达、苹果、HTC、魅族、联想、三星等。

终于，雷军实现了自己的梦想，创建了小米科技公司，主攻手机领域。其实，雷军创办小米的目的有两点：第一是把东西做好；第二是提高效率。而将公司命名为"小米"，主要是有三个原因：

第一，因为小米是五谷杂粮之一，温润滋养，又是人们耳熟能详的事物，显得更加亲切、平和。

第二，小米蕴含着"小米加步枪"——再次出征的意味，这体现了雷军想要靠"小米加步枪"再次征战世界的决心。

第三，小米的LOGO是一个"MI"的形状，是Mobile Internet的缩写形式，代表了小米是一家移动互联网公司。但如果将小米的LOGO倒过来，就会发现，其实是一个"心"字少一点，意味着小米要让用户省心一点。

总而言之，雷军对手机表现出的狂热，使得他瞄准手机市场进行创业，创造了小米科技公司，将"把产品做到极致、做到千家万户"作为自己的创业目标，他希望能够通过自己搅和手机行业进而带活整个行业。如今，雷军的一切梦想都已成真，他用对手机的疯狂追求，用自己的实际行动，证明了自己已经成功成为手机行业的"搅局者"，并给整个手机行业的发展带来了巨大的活力。

| 喝下"小米粥"，七剑客开启创业之旅 |

"一个篱笆三个桩，一个好汉三个帮"。小米的成功不但源自雷军的努力，而且还源自其他六位创始人的鼎力相助。多年来，小米的七位创始人通力合作，驰骋手机领域，开启创业之旅——用雷军的一句话说就是"喝碗小米粥，开始闹革命"。

"三顾茅庐"，组建豪华创业战队

雷军在创办小米之前，连产品都没有，却打算组建一支豪华的创业团队。

以下是一个豪华创业团队的阵容：

■原Google中国工程研究院副院长林斌。

■原金山词霸总经理黎万强。

■原微软中国工程院开发总监黄江吉。

■原Google中国高级产品经理洪峰。

■原北京科技大学工业设计系主任刘德。

■原摩托罗拉北京研发中心高级总监周光平。

以上是小米初创时，雷军费尽心思挖来的六位联合创始人。其中有在职时被雷军挖过来的，有的是在离职后被挖来的。为了组建这支强劲的战队，能够挖来六位能力如此强的联合创始人，雷军下了不少功夫。

雷军在寻找合作伙伴的过程中，完全体现出了刘备"三顾茅庐"的精神。

1.邀请林斌

2009年，雷军决定在手机领域大干一番之后，便开始四处找合伙人。虽然他在软件方面比较在行，但在手机领域却一知半解，因此，找一个懂手机的人才能启动自己的创业计划。他思来想去，觉得可以将李开复作为切入口。因此在2009年年初的一天，作为谷歌中国工程研究院的副院长林斌正在自己的办公室埋头工作时，他的顶头上司李开复带着雷军走进他的办公室。这次是林斌和雷军的第一次见面，而林斌对于金山公司的这位前任领导早有耳闻。

在初次见面后，两人谈得很投机，并且深感彼此之间的默契，从此两人隔一段时间便会在一起进行思想碰撞。

一次，雷军和林斌在盘古大观的咖啡厅聊天，当聊到手机时，两人默契十足，于是将各自包里装的手机都掏出来放在桌子上，然后现场拆机。二人的举动让服务员误以为他们是来咖啡厅推销手机。也正是那天，林斌发现自己面前这个男人对手机的狂热已经超乎自己的想象。但让林斌不解的是：雷军是个在软件方面有所建树的人，为什么每天要包里装八九台手机呢？其实，这个时候，林斌并不知道雷军想要进军手机行业的计划。

雷军在自己拥有的众多手机里，对魅族的印象不错，他觉得魅族显示来电响铃的时间长，虽然这只是一个小小的创新技术，但雷军认为这一技术却能够替用户分辨出那种只响一声的骚扰电话。雷军也经常在林斌面前赞许魅族，认为魅族应当使用Android系统，还建议谷歌也使用。林斌在雷军的建议下，先后两次去珠海探访魅族。而雷军作为林斌的参谋，也参加了两次会面，他们与魅族的创始人黄章进行了十分深入的交流。

经过对魅族的两次探访之后，雷军对魅族有了更加深入的了解。魅族仅用了两年的时间就在互联网上培养出了200多万"粉丝"，仅一部M8就售出了60万台。这一切都说明魅族是成功的。在做好准备功课后，雷军坚定了自己的计划，决心自己做手机。而林斌则是雷军邀请的第一个合伙人。在此之前，林斌虽然也有自己创业的想法，但是当雷军正式发出邀请时，林斌感觉十分意外，他一直以为雷军给他当参谋是要帮助自己创业，没想到结果是雷军要亲自创业。

正当林斌还在犹豫要不要答应雷军的时候，谷歌宣布要退出中国。此时，在林斌面前只有两条路可以选择，一条是跟随谷歌离开中国，另一条则是跟随雷军创业。在经过反复思考之后，林斌答应了雷军与他一同创业。

2.邀请黎万强

黎万强作为雷军的老部下，深知雷军的想法。虽然雷军从金山辞职，但他和黎万强却依然保持着一个月见面一次的频率，而他们每次见面，雷军的话题都离不开手机。有一次，黎万强兴致勃勃地告诉雷军，说自己想要转投商业摄影，希望能拍出各种各样富有想象力的作品。雷军并没有对黎万强的想法做任何评价，反而用试探性的语气问道："那个方向不太适合你，我有个方向，你看看要不要跟我一起干？"听了老上司的话，黎万强没有多想就爽快地答应了。雷军十分惊讶地问："你知道我要做什么？干嘛答应得这么快？"黎万强瞟了他一眼："不就是手机吗？"雷军笑了笑，没再说什么。于是，黎万强便快速成了雷军创业"七剑客"中的一员。

3.邀请黄江吉

在雷军四处寻找合作伙伴的时候，林斌也没闲着。去谷歌之前，林斌曾在微软待过一段时间，认识了微软工程院的首席工程师黄江吉，人们都叫他KK。当林斌找到KK的时候，KK正处于人生的转折点，他正在思考两个人生中的重大问题：自己是继续留下来干还是做点其他的事情，是要继续留在中国还是要回美国。

在林斌的牵线和介绍下，雷军和KK见面。这次见面，雷军和二人坐在一起闲聊，当谈到点子产品的时候，KK是Kindle阅读器的粉丝，他特意向雷军展示了一款自己改造的小工具，这款工具恰好能帮助Kindle改进相关功能。此时，雷军对KK越来越感兴趣，并告诉KK自己更加疯狂，因为他曾经拆开Kindle研究过里面的构造。这让KK大吃一惊，没想到眼前这位竟然比自己还疯狂。

那天，他们三人在一起聊了将近5小时。KK也知道黎万强正准备和雷军谋求创业，所以在他离开时，他对雷军说："我不知道你们未来究竟有什么打算，但是不管做什么，就算上我一份吧！"就这样，KK黄江吉也成了小米创始人中的一员。

4.邀请洪峰

洪峰是林斌在谷歌任职时的下属，主要担任高级产品经理的职务。在谷歌的美国总部做高级工程师期间，洪峰和其他技术人员一同开发了"谷歌街景"。当他回到中国之后，成为谷歌在中国的第一产品经理。

雷军第一次与洪峰见面时，洪峰表现出典型的技术"宅男"的特点，任雷军说的天花乱坠，洪峰就不搭茬，整个场景仿佛是洪峰在面试雷军。当雷军滔滔不绝，说得口干舌燥的时候，洪峰终于开口了，他反问到："既然打算做手机，你有自己的硬件团队吗？你对运营商了解多少？你有相关渠道吗？"洪峰的这一连串问题，让雷军顿时难以开口，因为洪峰所问的这些雷军一项都没有。

这次会面之后，雷军决定一定要把洪峰拉到自己的创业团队中，因为雷军觉得洪峰的"肚子里有真货"。虽然洪峰觉得雷军的创业计划还存在诸多疑问，在真正创业实践中有挑战性，但是作为一个年轻人，洪峰更加喜欢做有挑战性的事情，于是便答应了雷军的邀请，成了小米科技公司初创成员之一。

5.邀请刘德

虽然小米科技公司的战队中已经有包括雷军在内的五位成员，但洪峰提到了一个人——刘德。刘德是美国艺术中心设计学院的高材生，毕业后回到北京，在北京科技大学工业设计系做主任，可以说是设计领域"大牛"级别的人物。于是，为了能够说服刘德加入，五位创始人全部真诚地前来邀请刘德。刘德当时工作十分稳定和安逸，并不希望为了小米而冒险，但最终还是被雷军说服了。因为刘德看好的并不是小米手机未来的市场前景，而是雷军所组建的这个卓越的团队。在刘德看来，好商品易做，但好团队难求，自己不想错过这样一个优秀的团队。

6.邀请周光平

万事俱备，只欠东风，在所有人员都齐聚的时候，唯一缺的就是一个能制造手机的人。为了找到这样一个合适的人，雷军在2010年用了3个月的时间面试了100多名手机硬件高手，却依然没有找到。

正在雷军一筹莫展的时候，有人向雷军介绍了周光平。然而，周光平当时已经55岁了，这样的年纪是很少有人出来创业的。但更重要的是周光平当时在摩托罗拉担任高级工程师职务，要想让他放弃如此体面的工作，实在是难上加难。

后来，雷军再次约周光平详谈，然而让人出乎意料的是，这次两人见面却有一种相见恨晚的感觉，两人聊得很投机，周光平也同意加入。

7.邀请王川

王川原本是多看科技的创始人兼CEO。虽然王川并不是出身于电视行业，他的几次创业大多与交互设计、用户体验有关，因此他并不算是电视硬件的外行。在多看科技的几年里，王川曾带领自己的团队做过机顶盒，并且与传统电视企业进行过相关合作，还依靠自己的实力为多个厂家的硬件产品做过第三方操作系统，典型的代表为For Apple TV的系统。

而雷军与王川是多年的好友，虽然王川身为多看科技的创始人兼CEO，起初并没有正式加入小米，却早已经是"雷军系"的成员，并且雷军与王川两人都在不同的场合重复过同一句话："你干什么我都支持。"后来雷军邀请王川正式加入小米创业团队时，基于两人的个人情谊，王川正式成为小米创始人中的一员。

自此，雷军和其他七位创始人一起喝了碗"小米粥"，一家叫"小米"的公司就在中关村开始创业，小米科技公司也即将走向一场轰轰烈烈的创业生涯。

抱团合作，"八仙过海各显神通"

在小米创业初期，小米缺的并不是资金，而是人才。雷军到处"招兵买马"寻找合作伙伴，显然在雷军眼中，只有选择最合适的人才能为小米规划好未来的发展路径，从而给小米一个更加光明辉煌的未来。

小米的创始人团队成立之后，在小米创业过程中，他们每个人都凭借自身的本领和能力抱团合作，从而催生了一个"八仙过海各显神通"的局面——让适合的人做其最擅长的事，才能让小米赢在起跑线上。

以下是主要职务分配：

1.雷军——创始人、CEO

雷军本身自带强大的号召力、说服力，又具有敏锐的市场嗅觉和创新思路，还是第一个发起小米创业的人，因此雷军当之无愧的是小米科技公司的创始人、CEO以及欢聚时代的董事长、顺为基金的董事长。

2.林斌——联合创始人、总裁

林斌擅长软件开发，在小米早期主要负责人事、行政、法务、财务等工作，并且进行重要合作伙伴战略合作项目的筹备、海外销售等工作。后来兼任小米网总经理、负责小米公司的销售、市场运营、物流客服等售后业务。

2017年11月24日，小米架构调整：总裁林斌兼任手机部总经理。

3.黎万强——联合创始人、副总裁

黎万强擅长软件开发，在小米曾担任MIUI负责人，创立了基于"用户开发模式"MIUI手机操作系统研发方法，后任小米网负责人，负责小米的市场营销、电商和服务。黎万强是中国互联网新营销旗手，参与感、手机

控、F码、米粉节等互联网热词的创造者。

4.黄江吉——联合创始人、副总裁

黄江吉主要擅长高性能数据分析，在小米担任副总裁职务，主要负责米聊、小米云服务和小米路由器项目。

2018年4月27日，雷军发内部邮件称联合创始人黄江吉辞去公司职务。

5.洪峰——联合创始人、副总裁

洪峰主要擅长的是软件开发，洪峰在小米被誉为"小米机器人之父"。

6.刘德——联合创始人、副总裁

刘德擅长的是设计工作，在加入小米之后，主要负责小米的工业设计和生态链业务方面的工作。

7.周光平——联合创始人、副总裁

周光平擅长研发制造，在小米主要负责硬件团队及BSP方面的工作。

8.王川——联合创始人，副总裁

王川本身在机顶盒以及硬件产品的第三方操作系统方面有较深的造诣，因此在加入小米之后，主要负责小米电视，成为小米电视的"掌舵人"。

从这八位合伙人的职务来看，从团队设计开发到企业整体运营，每个环节都有相应的联合创始人管理和运营，这不仅为小米的成功奠定了业务基础，还为之后的几轮外部投资进行了背书，这也是小米成功的方法之一。

| MIUI系统，一匹攻城略地的"黑马" |

众所周知，做手机必须有系统支持，而对于小米公司来讲，MIUI可以说是小米手机的灵魂。

那么什么是MIUI呢？MIUI是小米公司打造的一个基于Android系统而进一步开发的手机操作系统。该系统是根据中国用户的特点进行深度定制的系统，在Android系统的基础上进行大幅修改，取消了Android系统原有的抽屉式设计，采用图标平铺在桌面的方式，更加迎合中国用户的使用习惯，能够更加快速地整理桌面图标，全面改进了原生体验，给国内用户带来了更加贴心的智能手机使用体验。也正是如此，使得MIUI系统成为一匹"黑马"，在互联网领域开始攻城略地。

MIUI的发展史

小米公司一直都是一个不断进行自我创新的公司，所以对于MIUI系统的大版本而言，也是每年更新一次。MIUI系统的版本，主要分为稳定版与升级版，当稳定版不稳定的时候就会对其进行更新。MIUI系统有三个更新频率：

第一：一天一更新，面对的用户大概是几千个；

第二：一周一更新，面对的用户为几百万个；

第三：一月一更新，面对的是90%的普通用户，这个版本称为稳定版。

其实，与其说小米公司的第一个产品是小米手机，不如说是MIUI系统。MIUI系统是在小米手机之前诞生的。说到MIUI的诞生，其实并不是偶然"拍脑袋"就开发出来的产品。雷军早期把小米公司定位为一家互联网企业，并把MIUI系统当作是小米公司进军互联网领域的一个重要跳板。

当诺基亚N78和苹果手机出现之后，雷军作为一个对手机有着痴狂研究的创始人，自然对诺基亚N78和苹果手机赞不绝口。然而，在雷军眼里，它们之所以能够受到赞誉，并不是因为其硬件做的好，而是其软件系统。只有好的软件系统才能给用户带来真正完美的体验，只有拥有好软件的手机才能称之为好手机。

雷军在打造MIUI系统之前，从其对手机收集的狂热程度就能知道他是一个标准的手机发烧友。在长期的发烧友生涯中，雷军对各种手机系统的优劣都能了然于胸。雷军发现，即便是市场份额占有率最大的Android系统，也存在很大的弊端。比如Android系统后台应用不断自启动，这样整个系统不断唤醒，不停地联网，就会进一步给手机带来耗电量大的缺点。

雷军正是基于其对手机的深入了解，才能够一针见血地发现这个弊端，因此才能找到优化Android系统的切入点，也因此才有了MIUI系统后来能够横空出世的可能。在洞察到这些劣势和切入点之后，雷军开始招兵买马，组建团队，最终开发出了MIUI系统。

MIUI系统一直以来都是在不断地更新中得以成长，如今MIUI系统已经经历了多次迭代，在经过一次次提升和完善之后，更加符合用户的"口味"。

1.初代MIUI

2010年4月6日，MIUI系统的开发小组正式成立。在历时四个多月的时间里，MIUI系统的第一版本诞生了。初代MIUI系统诞生的时候，有很多人是感到非常陌生的。但MIUI系统在正式亮相之前，是经过由100人组成的小组进行内测之后才"登场"的，这100人最后成了小米口中的"梦想赞助商"。

当初代MIUI诞生时，Android系统已经进入2.0时代，但当时智能手机对于普通大众来讲依然是一个遥不可及的东西。对于小米公司来讲，当时MIUI系统虽然已经打造出来了，但并没有研发和生产出能够运行MIUI系统的手机产品。然而，即便如此，谁也没有料想到，当初的MIUI系统会在后来成为小米公司一步步占领手机市场的重要武器。

2.MIUI V2

在初代MIUI之后，在2010年10月29日出现了MIUI V2版本，这是在初代MIUI上的升级。

3.MIUI V3

2011年3月25日，小米公司的MIUI系统第三版正式发布。MIUI V3在原有基础上对美观度、流畅性、使用功能等方面进行了进一步完善。在MIUI V3研发的过程中，融入了不少网友的意见，因此使得MIUI V3能够获得一众发烧友的好评，使得MIUI系统的用户开始大规模积累。

此外，小米的第一款手机米1就是搭载MIUI V3基因而诞生的，因此，可以说MIUI V3是MIUI系统发展的里程碑。

4.MIUI V4

2012年1月19日，MIUI的第四代系统正式发布，使得MIUI进入了4.0时代。与MIUI V3相比，MIUI V4的系统功能得到了进一步优化，并且使得MIUI系统彻底摆脱了对基于开源Android系统深度优化、定制、开发的第三方手机操作系统CyanogenMod系统（简称CM系统）的依赖。

自MIUI V4诞生之后，小米公司开始大量为第三方热门机型适配MIUI系统。虽然当时的MIUI系统并没有当前这么完善，但凭借MIUI V4，已经使得小米公司将众多竞争对手远远地甩在了身后。

5.MIUI V5

2013年1月9日，MIUI系统的用户累积量已经达到了1000万。同年4月9日，MIUI V5诞生。MIUI V5对于MIUI的发展有着深远的影响，在同年8月16日，MIUI正式确定了中文名"米柚"。

MIUI V5是在MIUI V4基础上进行的一次蜕变，不仅带来了超过200项功能的更新，还统一了MIUI整个系统的风格，使得图标变得更加圆润。

6.MIUI 6

在2014年4月6日，即MIUI正式发布四周年之际，小米正式推出了

MIUI 6系统。该系统使得原有的MIUI系统命名方式变得更加简化，去掉了中间的"V"，使得系统更加好记。

MIUI 6版本在设计上进行了多处改动，将Android系统中的菜单键改为多任务按键。系统风格也使用了毛玻璃效果，更加具有活力。MIUI 6的出现为小米带来了一个亿的用户量。

7.MIUI 7

2015年8月13日，MIUI 7正式发布，从此使得小米进入了一个全新的微创新时代。在风格上虽然没有发生太大的改动，但使得手机在运行的过程中能够提速30%，续航时间延长了25%。

8.MIUI 8

2016年5月10日，小米正式推出了MIUI 8系统，并获得了2亿用户。与MIUI 7相比，MIUI 8在设计上并没有发生大的变化。但有一点值得注意的地方，就是为了与苹果的Apple Pay能够旗鼓相当，小米推出了具备小米支付功能的Mi Pay。这一功能不但可以绑定银行卡，还加入了小米公交功能。

9.MIUI 9

2017年7月9日，小米MIUI系统的第九版本MIUI 9正式发布。MIUI 9在很多细节上进行了改动，比如天气时钟、Dock栏等都进行了重新设计。更重要的是，小米还带来了大量的新特性，如分屏功能、照片搜索等"黑科技"功能。此外，MIUI 9还根据用户的建议对那些臃肿的环节进行了精简，使得MIUI 9的运行速度较MIUI 8有了大幅提升。

10.MIUI 10

2018年5月31日，小米发布了MIUI 10系统。MIUI 10系统全面升级全面屏手势，去掉原有的虚拟按键，让同样尺寸的屏幕能够承载更多有效的内容信息。同时，MIUI 10系统中还融入了AI技术，使得MIUI系统给用户带来的体验再上一个台阶。此外，MIUI 10还采用了全新的视觉设计，给人耳目一新的感觉。

总之，8年过去了，如今的MIUI系统已经凭借其强大的竞争优势，在全球范围内斩获了3亿用户，而MIUI还将继续前行，向着更加完美的阶段迈进。

MIUI系统成手机用户福音

MIUI系统的每一次蜕变，都是朝着更加人性化进阶。事实上，MIUI系统一经问世就受到了用户的好评。MIUI凭借诸多功能给用户带来了更加完美的体验，更加符合用户的使用需求，为手机用户带来了福音。

1.巨无霸字体

MIUI 7中的巨无霸字体，使得用户在夜间视力较差的情况下也能清楚看到手机内容，比如短信、电话界面的文字、阅读内容文字等，这样用户（尤其是那些老年用户）在阅读的时候就会比较轻松。

2.自动护眼模式

当前，近视的年轻人越来越多，虽然不能说完全归罪于手机，但手机也绝对是罪魁祸首之一，因此，MIUI就针对这一点，专门打造了自动护眼模式。这样，即便用户不能减少手机使用时间，但至少通过自动护眼模式可以将手机对用户眼睛的伤害降到最低。

3.儿童模式

很多时候，当家长忙于其他事物时，就会将手机放在一边，此时，手机就成了家中儿童的好玩具。由于儿童没有鉴别能力，在不良应用的情况下很容易进入扣费陷阱。然而，MIUI系统打造的儿童模式能够一键禁止所有的第三方软件，从而有效杜绝了乱扣费事件的发生。

4.极致模式

对于用户来讲，最大的痛点其实还是电池几乎每天都需要充一次电。然而，对于那些商务人士、旅游达人来讲，在外不一定随时都能找到充电装置，在手机电池没电的情况下，往往会耽误很多重要的事情或者发生危及生命安全的事情。MIUI系统开发了一种神隐模式，能够有效提升手机的续航能力。神隐模式下的极致模式能够快速冻结所有后台非限制的应用，这样就有效减少了手机耗电，提升了手机的续航能力。

5.一键换机

相信绝大多数用户在换手机的时候都会感觉痛苦不堪，因为手机中存储着重要的联系人信息、照片、视频等，当更换另一台手机时，这些手机数据只有用数据线备份到电脑，再从电脑备份到新手机，如此繁琐，实在不方便。然而小米的MIUI系统内则开发了一个一键换机的功能。通过小米的一键换机功能，即便在没有网络的情况下也能轻松换机，将老手机的数据无缝传到新手机当中。

MIUI系统的这些优质功能不一而足，然而这只是MIUI系统迈向万里长征的第一步。目前小米公司正在开发更多能够给用户带来福音的功能，旨在使手机用户可以获得更加完美的使用体验，更加喜爱基于MIUI系统的小米产品。未来，MIUI还有很长的路要走，以此提升小米在世界市场中的核心竞争力。

| 小米手机诞生，拉开厮杀序幕 |

在当今社会，技术可以颠覆商业模式，因此科技创新成为全球经济发展的核心话题。小米公司在互联网技术无处不在的时代诞生，抓住了科技带来的新机遇，如何找到新的经济增长点呢？

雷军给出了这样的回答："未来手机会是这个世界的中心。"事实证明，当初雷军说这句话并不是在危言耸听。如今手机已经成为我们生活、工作、学习必不可少的工具，而雷军当时能够看清楚手机未来的发展前景，证明是极其睿智，并具有前瞻性眼光的。也正是因为雷军的这种睿智和前瞻性的眼光，促使其将手机作为新的经济增长点，在手机方面进行创新，借助小米手机的力量为自己杀开了一条血路。

小米手机力挫苹果，重创魅族

小米公司自成立以来，一直致力于打造高性价比的智能手机。虽然目前也切入了以围绕互联网电视以及智能家居生态链的建设，但手机的主打产品地位却从来没有改变。在历经八年的时间里，小米公司已经研发出了众多优质手机，如小米、小米2S、小米2A、小米3、红米、红米Note、小米Note等，让小米帝国一步步开启了顶级智能手机的大门。

小米公司在不同的阶段研发出不同的手机产品，给国内和国外手机品牌带来了不小的冲击，苹果和魅族就是两个例子。

1.力挫苹果

在2012年小米发布青春版手机时，国产智能手机里还没有能够对市场产生巨大冲击力的品牌，有些品牌的手机一拿出来，总是给人以"山寨货"的感觉，因此难以吸引用户的购买兴趣。当时，苹果手机的价格一直居高不下，使得很多人认为智能手机只是一部分"有钱人"的专属，而对于绝大多数的普通人来讲，只能用非智能手机。小米手机青春版的出现，恰好以高性价比的优势占领了中低价位智能手机市场，赢得了一大片用户的"芳心"，然而，却也因此给处于高价的苹果手机带来了不小的冲击。

小米手机青春版不但秉承质量好、价格低廉的特点，同时，还因为"青春"两个字拉拢了不少客户。"青春"是每个年轻人都正在经历的，而每个年轻人也都对自己的青春有深刻的记忆，对自己的梦想有更加美好的憧憬。这种情怀和时尚共存的品牌宣传，让小米手机在年轻人群中成了必选品。

然而，走高大上路线的苹果手机因为价格高昂，使得年轻人为了买一部手机而省吃俭用，要攒好几个月的工资。这时候，年轻人更加需要的是像小米这样的手机，质量过得去且价格亲民。

虽然小米青春版名义上用了"青春"二字，但实际上小米手机所面向的消费者人群并不仅仅是年轻人，还包括务工人员、都市白领等。

雷军的聪明之处在于从小众市场逐渐向大众市场扩张，从而对市场中的强势品牌进行挤压，这也正是小米敢与苹果叫板的原因所在。

2.重创魅族

在绝大多数年轻人心中，国产的魅族手机是时尚的象征，在国内售价偏高。小米手机的低价优势，对魅族来讲也是一个不小的冲击，使得魅族为了不被用户所抛弃，在价格上做出调整和让步。

2014年，在魅族的创始人黄章宣布复出并担任魅族CEO之后，黄章带领魅族重新开始应战小米，做各种转型。历经七个月，魅族推出了魅族4，但价格却比小米4的价格还要低200元。显然，魅族为了能够重新赢得市场，也开始选择走高性价比路线，从这一点也看出了魅族这次做高性价比手机的决心。

魅族在价格上做调整和让步就充分说明，在保证高质量的前提下，低价格是争夺市场的一个有力武器。小米之所以能够有如今的辉煌，很大一部分原因是赢在了产品的高性价比上。

创造"互联网公司造手机"的美好时代

自从七位创始人抱团创造了小米公司以来，小米以互联网模式做手机在业界一度掀起了前所未有的热潮。与此同时，也吸引了大批的跟随者不断效仿。然而为了以足够强大的优势甩掉跟随者，小米可谓是"放大招"，在快速创新和产品迭代中造就了一个"互联网公司造手机"的盛况。可以说小米站在了互联网时代的"神坛"，带领用户和众多竞争者走进了一个新的互联网手机时代。

以下是小米自成立以来，历经八年一路上留下的辉煌成绩单：

2011年8月，小米手机1发布。

2012年8月，小米手机2正式发布，成为小米手机史上最经典的一款机型。

2013年7月，红米手机发布，让市场中的千元机开始拼配置。同年9月，小米电视和小米手机3正式发布。此时的小米手机业务已经初具规模，小米生态链团队也开始组建。

2014年3月，红米Note发布；5月小米平板发布；7月小米手机4发布。

2015年1月，小米Note发布；2月，MIUI全球激活用户规模超过了1亿。

2016年2月，小米手机5正式发布；7月，红米pro、小米笔记本正式发布；9月，小米支付上线；10月，小米Note2、小米MIX上线。

2017年2月，小米芯片澎湃S1发布，搭载自研芯片的小米5C发布；3月，小米电视4A发布。

2018年3月，红米Note5、小米MIX2S发布。

　　仅从这份成绩单上我们就不难看出小米公司的发展是相当迅速的，然而小米公司的这种产品下线速度是其他企业所望尘莫及的。对于小米的这种飞速的发展模式，企业将其称之为"小米速度"。小米通过十分精简的、灵活的团队打造了"小米速度"，使这些优秀人才的才能得以最大限度地发挥，也使得小米创造了前所未有的奇迹。2014年全球智能手机品牌销量排行榜中，小米取得了排名第六的好成绩，截至2015年2月，小米已经跃居第5名。2014年国内智能手机品牌销量排行榜中，小米已经超越了三星，稳坐排行榜皇冠的宝座。小米仅仅用了五年时间就取得了这样好的成绩，其速度实在是令人感到震惊。

　　2016年，小米手机销量为4150万台。2017年小米销量官方数据显示为9000万台，较上一年有明显的提升。从小米销量逐年上升的趋势来看，显然，智能手机已经在大众生活中得以全面普及，给人们的生活、工作、学习等方面带来了极大的便利；以小米公司为代表的互联网公司，已经为我们打造了一个"互联网公司造手机"的美好时代。

| 危机四伏，低谷期来临 |

　　任何一个企业的发展都不可能总是一帆风顺的，都要经历跌宕起伏的过程，最后在不断的磨砺中收获经验、教训，为自己的成长与成熟打下坚实的基础。对于小米公司而言，同样经历了风风雨雨才赢得了如今的辉煌业绩。

国内市场难以为继

　　市场是变幻莫测的，也是最考验一个企业能否生存、成长的"大考场"。

　　2014年可以说是小米最辉煌的时候，在"初生牛犊不怕虎"的冒险精神下，小米公司凭借红米系列快速打开市场，以摧枯拉朽之势横扫中国智能手机市场。但小米在为自己的成功欢呼雀跃的时候，也吸引了不少竞争者。2015年，一直以来以超快速度发展的小米在面临诸多压力的情况下，迎来了它的低谷期。

> 市场研究公司Canalys在2015年10月22日公布的简报中显示：截至2015年9月30日，华为智能手机在中国市场出货量同比增长了81%，成为中国智能手机市场的第一大生产商。而小米则下滑到了第二名。
>
> 另外，据数据研究公司IHS Technology的中国研究总监王阳透露：2015年第三季度小米的智能手机出货量为1850万台，较第二季度出现了下滑。华为在同年第三季度的智能手机出货量达到了2740万台，虽然较第二季度也出现了下滑，但在国内的总体销量增长了4%。

这些数据显然表明小米公司已经从销量第一的宝座上下滑，位居第二。分析小米公司业绩下滑的原因主要有以下两点。

第一：中国智能手机市场份额在全球范围内呈下降趋势

小米公司自成立起至2014年，通过网络销售低端智能手机以及借助社交媒体造势，在中国这个巨大的市场中不断深耕，实现了自我的快速崛起，然而进入2015年以来，小米公司销量下滑，其前期快速发展的局面被打破。

中国作为全球第一大智能手机市场，在2015年第一季度的出货量达到了1亿台。但纵观中国六年以来的智能手机市场，此次却是呈现销量下降的局面，这也是首次出现增长放缓的现象。随即，在第二季度的时候，中国智能手机的总体销量在全球市场中再次下滑，从原来的30%下降到26%。

小米公司一直以来都是依赖于中国市场的，而中国智能手机在全球范围内的下滑使得小米公司的市场前景蒙上了一层阴影，使得小米公司失去了在中国市场发展和壮大的动能。

第二：遭受围攻，市场份额迅速下降

只要善于观察和总结，就不难发现，其实小米此时的境遇与当年以低端市场为基准点，后来处于衰落期的诺基亚极为相似。

> 2012年，诺基亚在中国市场中遭遇了一次超强的低价手机厂商的集体围攻，使得本来已经处于生死边缘的诺基亚市场份额被瓜分，加速了诺基亚的"死亡"。

而此时的小米，同样受到国内厂商的集体围攻，在这一强势的围攻中，以魅族、锤子、一加为先锋主攻线上，以OPPO、vivo为先锋主攻线下，再加上各路厂商纷纷快速崛起，各大品牌也都在积极争抢市场份额，在这种狼多肉少以及竞争对手连番炮轰的局面下，小米逐渐力不从心。

总而言之，国内市场难以为继，使小米处于危机四伏的境地，最终迎来了发展史上的低谷期。

国外市场受阻

2014年，正当在国内发展难以为继的时候，小米重新进行战略布局，开始打入国外市场，以提升全球的市场份额。

最初，小米公司打算进军的是美国市场，主要销售的产品为具有中高

端"血统"的小米Note和小米Note Pro。然而，在真正落实的过程中，面临的困难接踵而至。

1.专利问题凸显

国际上对专利的保护更加严格，因为缺少专利，很有可能会使小米面临来自各个手机品牌的诉讼。

美国NBC环球集团旗下的财经有线电视卫星新闻台针对小米进军国外市场，在报道中如此说道："在美国市场，除了专利，小米还要小心它和苹果手机极为类似的设计，这都可能给它带来麻烦。"这无疑给小米泼了一盆凉水。

> 自2010年以来，苹果和三星一直都在围绕专利问题而大打出手。双方还在韩国、日本、德国、荷兰、法国、澳大利亚、意大利等9个国家发起了30个专利诉讼。后来双方将诉讼的战场收缩至美国，而其他国家的诉讼相继撤回。很多人会提出疑问："为何双方不能握手言和呢？"显然，双方之所以僵持不下，是因为都想通过专利诉讼牵制对方，并一举抢占市场。
>
> 简单来讲，苹果手机在全球扩张版图的这些年，一直都在智能手机领域积累版权、专利等知识产权，苹果希望通过强有力的知识产权保护机制，在全球范围内的智能手机市场开疆拓土。

苹果用自己的实际行动证明了自己争夺和维护专利权的决心，然而反观小米，在当时作为一家不满5年的初创公司，在专利、版权等知识产权方面却是"短板"。

截至2014年10月15日，小米公司当时在国家知识产权局提交了专利申请数量为1388件，而苹果公司则提交了2615件，两者的专利申请数量悬殊太大。

从发明专利授权层面上看，苹果公司的大部分专利已经获批，而小米公司的大部分专利还处于获批的"路上"。苹果公司获得授权的专利件数达到了473件，而小米公司却仅为9件。苹果公司获得发明专利授权的数量是小米公司的52倍。

显然，进入北美市场并没有想象的那么简单和容易，还有一条艰难的路要走，需要打持久战。

2.国外市场竞争更加激烈

小米公司在进军国外市场的过程中，除了专利缺乏问题之外，还有来自国外市场各竞争对手带来的巨大竞争压力。

互联网网络数据中心的数据显示：2015年，中兴手机在第二季度的美国市场占有份额达到了8%，因此一举成为美国的第四大手机品牌；华为旗下的手机品牌荣耀也已经进入美国市场；酷派自进入美国市场已经历时四年；一加也在与CM系统合作的基础上在海外市场中赢得了一片天地；锤子也已经开始在美国市场全面布局。

可见，小米在国内竞争对手如云，在国外市场中也没能摆脱强势竞争的局面，这样的"内忧外患"，使小米面临着前所未有的压力和挑战。

| 破局：危机后的重生 |

凤凰涅槃方能赢来重生。对于小米公司而言，当其经历了低谷期，在艰难中前行的时候，开始深入洞察并深刻反省自身身处危机四伏的原因，寻找有效的破局方法从低谷中走出来并实现逆袭。

重振旗鼓，实现逆袭

自2015年以来，在历经一年多的低谷期后小米公司开始重振旗鼓，迎接新的未来。2017年是小米公司的转折年，小米手机出货量再次逆市上升。

显然，雷军充满自信的话语就是小米走出低谷、成功逆袭的最好佐证。那么小米是如何实现逆袭的呢？

1.请明星为产品代言

在2016年之前，小米是从来不会请任何明星为任何一款产品代言的，而是乘着互联网之风，坐享电商高速增长的红利。小米一直以来都是借助互联网的力量，在"粉丝"的"拥护"下营销自己的产品的，也正是如此，小米经常在各地举办线下活动，以吸引"粉丝"对产品的关注并提升销量，但却从未请明星代言过。

在2016年之后，随着互联网用户增长速度逐渐放缓，线上线下相结合成为一种全新的获客方式，不但能拉近与用户之间的距离，还能够打通线下、线上渠道，实现双管齐下，才能获得更多的"粉丝"和用户。

2016年，小米一下邀请了梁朝伟、吴秀波、刘诗诗、吴亦凡、刘浩然五位明星为小米代言。

其实，雷军早就应该这么做了，因为小米当初以高性价比切入市场的时候，面对的就是一些年轻人群，如学生、职场新人等，这群人有一个共同的爱好就是"追星"，而其他手机品牌都是借助明星效应将明星粉丝转化为品牌"粉丝"，进而快速蚕食市场份额的。

所以，在小米深刻认识到"明星效应"的重要性之后，市场份额提升显著。

2.从电商转型新零售

在2016年前，小米借助互联网之势，仅将线上作为产品销售的渠道，显然这样一条腿走路必定与线上线下两条腿走路速度慢很多。再加上纯电商的红利期已过，流量变现对于一个企业能够实现持续生存和发展而言已经难以为继，此时急需一种全新的销售渠道和方式才能扭转现状。

在2016年前，虽然雷军已经注意到线下的重要性，在线下打造了小米之家，但这时候的雷军打造的小米之家并不是作为直接的销售渠道，而是扮演着一个产品展示的辅助角色。然而，在2016年之后，小米之家的角色发生了巨大的改变，成为小米最成功的产品。尤其是进入2017年以来，小米之家在全国广泛布点，使得小米向线下新零售时代迈进。

"小米帝国"的崛起

智能手机领域，市场竞争如此激烈，每年都会有新的变化，不但有"新人"高调涌现，也有"旧人"垂泪离场，往往只在旦夕之间。2017年对小米而言，可以说是喜获丰收的"逆袭年"，然而这并不是小米想要的最终结果。

2018年对于小米来说，更是不寻常的一年，小米希望能够借着2017年逆袭的好势头"扶摇直上"，获得更好的发展势头。

因此，在2018年5月3日，小米公司在港股递交了上市申请，并预计在2018年下半年上市——要知道，这才是小米作为一个手机帝国真正实现崛起的开始。

另外，2018年5月22日，小米正式进军法国市场，这标志着小米的全球化步伐再次提速。当天，小米在巴黎举行发布会，同时位于巴黎的法国首家小米授权店和法国小米官方网上商城同步开业。尽管当时下起了大雨和冰雹，但依然没能挡住"粉丝"们狂热追捧的热情，人们排着队，举着雨伞在小米授权店门外等待开业。此次小米正式进入法国市场，不仅标志着小米打入了西欧的核心市场，还是小米在提交上市申请后的首次国际化动作。

根据IDC和Canalys给出的调研报告显示：2018年第一季度小米全球销量暴涨87.8%，其中中国市场逆势增长41.8%，印度市场份额进一步扩大至30.3%。

显然，小米在经历了危机四伏的低谷期之后，开始实现逆袭，并乘胜追击，以期快速扩大其国家化业务空间的计划变为现实。

仅2018年上半年里，小米就用自己频繁的实际行动证明了自己隐藏的巨大实力，这既是对其他品牌竞争对手的一个威慑，同时也意味着"小米帝国"实现真正崛起的时代已经来临。

02

方法论一：
趋势——抢占风口，顺势而为

俗话说："应势而谋，因势而动，顺势而为。"一个企业的建立永远不要和趋势做对，否则只能以惨淡收场。小米看清了这点，抢占了风口，站在了时代发展的趋势上顺势而为，也成就了辉煌的业绩。

| "站在风口，猪都能飞上天" |

雷军曾说过这样一句话："只要站在风口，猪都能飞上天。"

雷军口中的"风口"实际上就是指一种"势"，是指一部分产业或领域，他们在国家政策的支持下，顺应了社会发展的潮流或拥有巨大的盈利潜力，从而获得一个快速发展的大好机会。"站在风口"即一个企业的创建和发展，能够借助这种"势"顺势而为，实现腾飞。

小米其实就是"站在风口飞上天的猪"。在一次采访中，雷军谈到小米能够取得成功，归结起来有三个秘诀：

1.预判未来。

2.在对的时间做对的事情。

3.顺势而为。

大家都知道，雷军早期投身于金山。金山软件创立于1988年，迄今为止已经算是IT界的古董级别的公司。在1998年，雷军荣升为金山软件的

CEO。经过多年来的苦心运营，准备过五个板块，花了上亿元人民币，金山软件终于在2007年上市。

在之后的时间里，雷军一直在思考一个问题：为什么别人上市一下子就成功了，而他们却总是波折不断？

后来，互联网时代来临，雷军借此机会创建了卓越网，"卓越"是雷军一手创立的，就像是自己的孩子一样。看着自己的"孩子"苗壮成长，雷军内心无比高兴。但后来它却被亚马逊所收购。对于这件事，雷军是非常痛心的，因为没有人愿意将自己的"孩子"拱手卖给别人，但是雷军又不得不从大局出发。此后雷军对自己的这些经历做了反思，他用了一年半的时间来思考："我可以更努力、更勤奋，但是我能不能在成功路上容易一点？"

带着这样的疑问，雷军四处寻找答案，最终他认为，答案就只有简单的四个字："顺势而为"。

雷军发现《孙子兵法》中讲到过在山顶上有一块石头，我顺势而为，踢上去一脚，剩下的事情不用做太多，它自己就滚下来了。这个道理实际上与巴菲特的滚雪球效应有异曲同工之处。在一次采访中，雷军讲到："我已经四十岁了，创办小米其实并不是想证明自己，只是要完成十八岁时的梦想，创办一家世界级的科技企业。"雷军在回忆2007年到2010年间他在金山经历的坎坎坷坷，站在创业者的角度上反思，他认为这个世界上聪明的人、勤奋的人太多——这都是做事情的必要条件，更关键的是人一定要顺势而为。所谓人的运气、机遇，从客观角度上看，其实就是找到对的时间，在对的时间做对的事情。

所谓："选择不对，努力白费。"如果能"站在风口"上顺势而为，那么结果必将事半功倍。一个人，如果能够取得巨大的成功，必定是顺应了时代的发展，在天时、地利、人和的红利时代再加上自己的聪明和勤奋，才能取得当下的成就。顺势而为对于一个企业，特别是对于小米而言十分重要。小米正是因为踩在了互联网、移动互联网的红利期，才实现了创利两年时间就能做到销量第一的傲人成绩。

此外，作为一个大时代创业者，除了顺应互联网、移动互联网的红利期，雷军还在以下几方面顺应了潮流和趋势：当前创客运动，即人人都努力把各种创意变为现实的潮流；注重产品品质，更注重个性化服务的趋势等。正是基于这些"势"，使得小米在创业道路上少走了很多弯路，使得小米抓住了更多的时代机遇，成为一家顺势腾飞的互联网公司。

| 站在互联网的"肩膀"上 |

在大众眼中，小米科技是一家手机公司。小米科技在创利之初就被定义为"是一家互联网公司"，这也是小米对自身的定位，因此小米能够明确自身的定位和优势，借助互联网的方式做研发、培养"粉丝"、塑造品牌形象、构建商业模式等。可以说，小米是一家站在互联网"肩膀"上的企业。

自带互联网基因

小米成立至今已经走过了八个年头，八年来，小米从手机起家发展成一个生态链，从一个名不见经传的小公司发展为一个即将上市的企业，然而这一切都是源自小米的好基因——互联网。

雷军曾说过："互联网其实不是技术，互联网是一种理念，互联网是一种方法论，其实你用这种方法论就把握了互联网的精髓。"雷军将自己在金山时所积累的互联网方法论全部用在了小米上，全部都付诸在实践当中。因此，在创建小米之初，小米就已经注定是自带互联网基因了。

那么具体在哪些方面能体现出小米自带互联网基因的特点呢？

1.对互联网企业的借鉴

我们经常说：走别人走过的路总比自己冒险探路更安全。小米就是一个善于向其他互联网企业借鉴和学习的企业。

在2011年8月16日——MIUI诞生一周年的日子，这天，雷军在798艺术中心北京会所的舞台上做发布会的时候，身着蓝色T恤、蓝色牛仔裤，激动万分地对台下的听众讲述着这款"顶级智能手机"的诞生史。这天正好是乔布斯逝世的第二天，从雷军的穿着风格上就能看到乔布斯的影子。这其实并不仅是一种对乔布斯衣着风格效仿的表象，更重要的是对苹果的一种借鉴，如官网做首发、微博做首发、QQ空间做首发、微信做首发，借助这些互联网平台不断制造话题吸引粉丝。

2.利润源自互联网服务

小米的主要利润是来自于互联网服务，而并不是其硬件产品。而这一点恰好与苹果、三星有很大的区别，苹果目前是通过硬件收入作为获取利润的主要方式，而三星电子的主要利润源自于半导体。

2015年，小米公司的总收入为668亿元，2016年这一数字增长到了684亿元，2017年再次提升为1146亿元。其中互联网服务部分的收入由2015年的32亿元增长到了2016年的65亿元，再到2017年的98.96亿元。

MIUI系统的月活跃用户从2015年12月的1.12亿人到2016年12月增长到了1.35亿人。到了2017年，MIUI拥有大约1.9亿月活跃用户。平均每位用户互联网服务收入从2015年的28.9元增长到2016年的48.5元，并且这一数字还在不断增长。截至2018年3月，小米的MIUI月活跃用户超过了2亿。显然，MIUI所拥有的庞大月活跃用户规模能够为小米带来巨大的效益和利润。

3.互联网的用户运营机制

硬件和互联网之间的区别在于，硬件的用户存留问题难以解决，需要不断地提升产品质量，并进行大幅推广，而互联网在解决用户存留的问题上却容易许多。

因为互联网本身具有免费的特点，而基于互联网获取用户的方式也是免费的。另外，基于互联网的服务更容易获取黏性用户。

小米借助互联网构建一种像互联网服务般的用户运营机制，通过高粘性用户持续地发挥出用户价值，这才是小米创建之初作为一家互联网公司的本质。

可见，小米从利润来源、用户运营机制方面都离不开互联网，小米正是靠着自身互联网DNA让其一跃成为手机市场中的新贵，才吸引了众多竞争对手的关注并想吞掉小米的现象。小米的成功正是因为它适应了时代，找准了企业定位，将互联网基因融入到了企业发展当中，顺势而为，才最终成就了今日的小米帝国。

用互联网思维创造商业神话

小米从创立之初，经过几年的发展，已经形成了一整套互联网经营核心思维。

1.互联网思维融入渠道建设

小米的业务模式是首先借助具有极强竞争力的产品吸引用户，然后再通过其他方式获取利润，小米的这种业务模式实际上与互联网公司所采用的模式是极为相似的。

在很多人看来，互联网手机企业（如华为旗下的荣耀、小米、魅族等）与线下手机（如OPPO、美图、金立等）在销售渠道方面是不同的，其实不同的销售渠道决定了不同的产品定义，以及其他相关的一系列问题。

在线上销售，"低价格"本身就是一种营销方式和策略，尤其在国内，消费者对线上的价格本来就敏感，对产品本身就很挑剔。高性价比自然会加快销售信息的流通速度，所以互联网手机通常比线下要便宜。产品的低价格带动产品的传播与营销，传播与营销又反过来带动产品销量的上涨。

2011年8月29日，小米的官方电子商务网站正式上线。正是采用了这种新型的互联网销售渠道，小米能够借助互联网直接抛开中间渠道，省去很多高昂的渠道费用和推广费用，直接将小米手机的价格定在了最低。小米的性价比就是靠整个互联网模式创新来完成的。另外，通过这种线上渠道可以使得小米有机会直接接触用户，根据用户的意见快速反应，创造出更加能够迎合用户"口味"的产品。

2.用互联网思维带来流量

雷军在创办小米的时候以互联网思维为导向，以小米手机为核心辐射相关硬件，可以说是小米在硬件领域的一个创举。

然而这却与传统的硬件公司有所不同，因为互联网的流量模式是以链接为基础，从A跳到B是十分容易的，如百度的搜索到贴吧、百科都是可以十分顺畅、简单地快速跳转的，而硬件在这方面就没有什么优势，我们的确会因为使用过一个好产品就去选择购买该公司的其他产品，但这中间并不会产生流量和带动关系。

小米的成功在于在产品逻辑中融入了流量逻辑，手机是极致性价比，而其他产品也是极致性价比。并不是小米的产品质量为其他产品背书，而是小米手机的极致性价比为其他产品提供了背书，从而为其他产品带来了流量，这也是能够吸引众多米粉的关键原因。

总而言之，小米用互联网思维创造了无数个商业神话。

| 创客运动激发创意变现实 |

著名的《长尾理论》作者克里斯·安德森在2012年12月出版的一本《创客·新工业革命》一书中，使得"创客"一词从此举世皆知。克里斯·安德森笔下的"创客"一词，实际上来源于一个英文单词"Maker"，是指那些出于兴趣、爱好，而将各种创意变为现实事物的人。

小米当下正处于"万众创新，大众创业"的大好时代，也是创客运动最受关注的年代，自然在产品研发的过程中离不开创客对创意的变现，在这样的一个时代，小米产品的创新与发展在创客运动的推动下，呈现出一片欣欣向荣的态势。

为创造而生

在当下，随着互联网的进一步普及和发展，在国家推崇"万众创新，大众创业"的大背景下，那些原来被认为怀揣着怪异梦想的创客们，摇身一变成了社会中的主流人物，成为当下科技产品创新的风向标。

小米其实就是"为创造而生"的，小米在进行产品创新的时候讲求的是"极客精神"。什么是"极客精神"呢？其实"极客"与"创客"词义相近，只不过"极客"更多的是强调对创意、创新追求的一种狂热，以至于形成一种痴迷或不正常状态。

小米在这种"极客精神"的推动下，打造自己的手机产品以及其他一些周边产品，使其更加富有创新性。

1.小米米聊

雷军一次偶然的机会发现了国外一款由谷歌和微软共同打造的，可以基于本地通讯录直接建立联系的即时通讯软件Kik。手机中安装Kik软件的用户，可以同手机中同样安装了Kik软件的用户实现免费短信聊天、来电大头贴等功能。

于是，在2010年12月10日，小米公司率先模仿Kik，推出了基于小米手机的新科技产品——米聊，这也成为国内首个专门针对移动互联网的聊天软件。随后，米聊先后发布了Android和Symbian、iOS三个版本，并因此而迅速积攒了人气。

米聊同样是一个手机沟通软件，它支持语音对讲、拍图发照、跟踪信息等诸多功能，另外还可以为用户推荐其可能认识的朋友。在手机能上网的前提下，使用米聊软件就能免费与朋友进行聊天。

其实，小米把QQ聊天只能双方都在线才能进行的功能作为了自己研发米聊的突破口，之后，转而把米聊和手机通讯录绑定，即便是手机换号，也并不会影响与好友的联系，也不用通过群发的方式告知通讯录好友，而且可以随时找到用户好友并与其保持联系。

米聊的出现让小米的发展有了一定的转机。米聊上线的半年时间里已经拥有400多万的注册用户，很快，米聊就成为小米打入手机市场的先锋，成为小米手机重点研发的产品。

但是，世事难料。在米聊迅速圈地的同时，腾讯公司这个互联网巨头也看上了这一点优势，仅用了一个多月的时间便推出了可以语音通话的微信社交工具。然而，由于微信站在了"巨人"QQ的肩膀上，本身就拥有庞大的用户群，所以微信用户的数量很快就过亿。而米聊却因为没有任何像QQ那样的"后台"，而使得用户数量停止在了1300多万。显然，微信抢了米聊的风头。

虽然微信以压倒之势战胜了米聊，夺去了市场。但在易用性上，米聊的设计更加明确，能显示时长和播放状态。同时，米聊还具有手写涂鸦功能，用户使用起来更加便捷。此外，米聊也为用户提供新浪语音微博服务。可见，在细节方面，米聊给用户带来的体验优于微信。

虽然米聊战败，但不可否认的是，米聊对小米手机的创新起到了十分重要的作用。

2.小米方盒子蓝牙音响

小米方盒子蓝牙音响不但适用于其他品牌下的所有小米手机，还适用于所有支持蓝牙功能的手机。这款音响除了能够播放音乐之外，还支持智能免提通话，来电时可以有真人语音提示来电号码。此外，创客们为了延长连续播放时间，还专门为小米方盒子配备了BM10电池，使得方盒子的连续播放时间达到10小时。

3.活塞耳机

活塞耳机是与小米手机相匹配的配件产品，对于音乐发烧友来讲更是一种福音。在我们听音乐的过程中，无论是乐器或者嗓音都会影响听者的听觉质感。小米活塞耳机正好是为了解决这一问题而诞生的产物。它将音色定位在低摇滚的慢摇滚风格，将音乐更加完美地呈现给用户。另外，小米的这款活塞耳机能够有效地保护用户的听力，即便在嘈杂的环境中，也能精准地还原音色的本质，让用户能够获得更美的音质。

回顾小米这一路，创新产品不胜枚举。可以说，小米就是为创新而生的。

痛点就是创新点

对于很多传统企业而言，它们认为解决用户细微的痛点，无异于画蛇添足，甚至是无关紧要的事情。但是在互联网、移动互联网时代，一切都要做到极致，才能赢得用户的芳心；企业要让用户"发烧"，品牌才能快速发酵。然而，要将产品做到极致，要让用户"发烧"，关键是要找准用户的痛点，才能实现"对症下药"。

那么什么是"痛点"呢？用通俗的方式来讲，其实痛点就是人们在生活中、工作中遇到的用当前的事物难以解决的，让人感觉不顺心、麻烦，甚至痛苦的事情。当人们在遇到痛点的时候，第一反应就是感到痛苦，第二反应就是寻找解决办法，所以，作为一个企业来讲，痛点是一切产品创新的基础，是一个企业能够持续生存和发展的源泉。

当年在广告界一时名声大噪的脑白金利用痛点着实为自己打了一手好牌。史玉柱推出脑白金能够取得成功，并不是一个偶然的结果。因为在推出脑白金之前，史玉柱是做过很多功课的：他在调研的过程中咨询过很多老年人，问他们对保健品的要求有哪些。

在经过大量市场调研之后，史玉柱总结出了老年人对保健品提出的三方面的期望：

■能促进睡眠。

■能促进肠胃蠕动，帮助消化。

■最好能自己不花钱。

这三个期望中，前两个期望对于大多数保健品企业而言都是能做到的，他们也将前两个期望作为了老年人的痛点。然而史玉柱却另辟蹊径，将第三个期望作为痛点。于是，便用一句广告语轻松解决了老年人"不花钱"的痛点，这句广告词是这样的："今年过节不收礼，收礼只收脑白金"。然而也正是这句广告词，成为当时媒体广告中最流行的一句话，很多晚辈在过年回家看望父母的时候，都特意将脑白金产品作为孝敬父母的首选品。那一年，脑白金在业界的销量让人啧啧称奇。

显然，史玉柱真正挖掘到了用户的痛点，并将这一痛点作为创新点融入广告中，直接刺激了用户的兴奋点，也就因此产生了消费点。

小米身处瞬息万变的互联网时代，更深知创新才是赢得市场的王道。因此，在每次创新之前，都会洞见市场发展趋势，深挖行业痛点，对产品以及商业模式进行创新，以此戳中用户的痛点，为用户带来满意的使用体验的同时，更能够快速抢占市场先机。

> 雷军在一次媒体采访中就发现了一个痛点。当很多记者采访时，通常会选用智能手机进行录音，但在录音的过程中一旦有电话打进来，就会打断录音，或者是录音时间太长，就容易出现中断的情况。针对这个痛点，小米公司在MIUI V5的开发过程中，雷军将以自己大量接受采访以及和记者们交流得来的经验，做了MIUI系统的录音机的产品经理，并参与设计了MIUI V5的录音机功能，而这一功能最终受到了用户很好的评价。

因此，对于互联网时代的企业来讲，痛点就是创新点，谁能最先抓住痛点，谁能最先根据痛点进行产品创新，谁就收拢了用户的心，谁就能率先占领市场，甚至能够成为市场中万人敬仰的独角兽。

微创新：从"很好"到"更好"

自从2014年在夏季达沃斯论坛上李克强总理提出"大众创业、万众创新"以来，"创新"一词已经成为这个时代创业的热点。不论是互联网企业还是传统企业，在寻求成功之道的路上，都将创新作为必备方法。

然而，创新又分为两种：微创新、颠覆式创新。颠覆式创新是给整个行业带来巨大冲击的创新；微创新就是进行一定程度上的细微创新，具体而言就是一切以用户为中心的价值链创新、以微小硬需、微小迭代的方法，满足用户痛点的创新。

小米作为一家互联网公司，更是将微创新作为自身抢占市场的跳板，以下是小米进行微创新的几个方面：

1.产品微创新

众所周知，小米手机一直都走高性价比路线，从小米产品的整体结构来看，小米产品在原有的基础上不断对配置方面进行提升，如处理器升级、显示屏升级、摄像头升级等。虽然看似小米总在推出新品，实际上是对老产品的淘汰，是在不断对老产品进行微创新。在这种微创新下，小米手机能够实现持续创新，让用户对小米手机越来越满意。

以小米手机屏幕的微创新为例。小米的第一代手机小米1，当时的屏幕尺寸为4英寸，在阳光下呈现出彩虹色，给用户赏心悦目的感觉；然而，进入第二代之后，小米2的屏幕有所升级，为4.2英寸，屏幕材质为IPS材质；小米3的屏幕尺寸已经达到了5英寸，采用的是单玻璃全贴合技术；小米4的屏幕尺寸依然为5英寸，但有更加优秀的色彩还原和表现力；小米Note屏幕为5.7英寸，采用负液晶显示技术，融入了先进的阳光屏技术；小米5屏幕的尺寸回到了5.15英寸，在屏幕技术上有所突破，采用了经过深度定制的16颗省电高亮屏幕，使得亮度提升了30%，色彩依旧鲜艳。除此以外，还搭载了阳光屏、夜光屏、护眼模式等，让屏幕变得更贴心；小米Note2在屏幕设计上是双曲面屏幕，更加趋于艺术感；小米6开始走健康模式，采用能够有效降低蓝光辐射的护眼屏，还能让画面栩栩如生；小米MIX采用6.4英寸的超大满屏设计，大胆地去掉了表面传统的听筒、红外距离感应器，而是设计了一个仅为普通相机50%体积的微型前置相机，给人耳目一新的感觉；小米MIX2显示屏为5.99英寸，采用的是四曲面机身设计。

2.系统微创新

MIUI系统本身是在Android基础上进行的深度开发，分为开发版和稳定版。前文也提到，开发版每周都有系统更新，以满足追求新鲜的人群的需求。MIUI系统进行更新的基础是来自用户论坛反馈的使用心得、缺陷不断进行优化的微创新。

3.消费者沟通方式微创新

传统手机行业，与用户沟通的主要渠道往往是销售现场。而用户对于手机的缺点反馈信息往往只能在论坛、贴吧这样的平台看到，这对于手机生产商来讲，非常不利于缺陷的即时改进。很多时候，即便厂商发现了用户的反馈，却也时隔很久了，不利于产品的即时迭代。

然而小米的出现却一改过去与消费者沟通的方式，在沟通方式上进行微创新。小米打造了一个"新品沟通会"环节，有效拉近了小米与"粉丝"、用户的距离，更有助于产品在结合消费者需求的基础上实现快速迭代和完善。

4.销售渠道微创新

小米并不是第一家线上销售手机的企业，但小米能够有效利用网络优势，将粉丝经济很好地利用起来，不仅能够快速完成销量，而且可以在粉丝经济的基础上进行深度拓展，进一步建立社区、导入口碑等，使得小米的销售渠道实现创新。

5.盈利模式微创新

传统手机行业的盈利来源主要是手机产品，其次是手机相关配件等，小米在传统盈利模式上进行了微创新，首先将手机的价格透明化，通过高性价比吸引消费者，同时将手机配件进行重新定位，通过售卖手机配件为公司创造盈利机会。事实上，小米的手机配件盈利是相当可观的。

可见，小米在创新的过程中，通过微创新将产品从"很好"做到"更好"，给其带来的是机遇，是促进小米产品越来越完美和具备竞争力的最佳途径。

03

方法论二：
人才——下血本找人，以奋斗者为本

　　企业是一个以人为单位组成的集合体。一个"企"字，明确地道出了"有'人'则为'企'，无'人'则为'止'"的内涵。人才对于企业而言，是其发展的重要战略性资源；经营企业，就是经营人才。一个成功的企业，必定将人才的吸收、培养、留用当作企业发展的重中之重。小米在使用人才的过程中，"不惜下血本找人，以奋斗者为本"的原则是值得借鉴和学习的。

| 寻找人才需要耐力和诱惑力 |

　　企业要想快速发展壮大，就急需寻找优秀人才为企业开疆拓土。然而寻找优秀人才并不是一件简单的事情，企业在寻找人才的过程中，将会面临众多挑战，如长时间难以找到合适的人才、难以吸引人才归于自己旗下等问题。

　　小米在寻找人才的过程中同样面临过这样的问题，但小米能够以惊人的耐力，不惜花费巨大的时间成本去四处寻找人才、选拔人才，这也是小米能够成功打造优秀团队的原因所在。

投入与产出：80%的时间用在人才选拔上

　　俗话说："一份耕耘，一份收获"，要想有所收获，就必须在前期辛勤耕耘，否则将一无所获。小米宣布将在2018年7月初至7月中旬挂牌上市，小米之所以能够在创建至今的短短八年时间内成功上市，是因为雷军认为"企业成功最重要的是团队，其次才是产品，有好的团队才有可能做出好产品"，为此雷军在人才招聘时付出了极大的心血，用雷军的一句话来讲，就是"每天80%的时间用在人才选拔上"。

小米在选拔人才的时候，正是体现出了"一份耕耘，一份收获"的思想，认为只有投入更多的时间才能选拔更加优秀的人才。因此，小米公司在选拔人才上，不惜血本地去寻找优秀人才。

那么雷军究竟是如何利用80%的时间去寻找人才的呢？

1.花时间和精力的多少决定了是否能够真正找到人才

雷军认为，对人才的重视程度，以及能否找到真正的人才，完全取决于自己所花费的时间和精力，在这一点上成正比关系。雷军在小米创建初期，对于没有任何手机经验的他来讲，做手机无异于纸上谈兵，一切都给人一种不切实际的感觉。于是雷军就用excel表格列出一张很长的名单，然后按照名单顺序依次找自己想要的人才。

小米在创立初期，由于规模很小，甚至连产品都没有，雷军为了让小米从小规模逐渐壮大，因此在最开始的半年时间里，雷军每天会见很多人，跟每个人介绍自己，说明自己想要做什么事，想要找什么人。但早期雷军寻找优秀人才失败的比例很高。雷军相信事在人为，创业者招不到人才，是因为投入的经历还不够。

于是，在接下来的每一天，雷军都会花80%的时间用在寻找人才上。为了能够找到资深的和出色的硬件工程师，雷军连续打了90多个电话。为了能够说服一位硬件工程师加入小米，几个合伙人轮流与其交流了整整12个小时，最终才成功挖到这位硬件工程师。过后，这位硬件工程师自己半开玩笑说："赶紧答应下来，不是因为有多激动，而是体力不支了。"

2.用真诚和耐力打动人才，用战略思想邀请人才

前文中讲过雷军"三顾茅庐"邀请其他七位创始人加入小米，这种精神充分体现了雷军在邀请人才过程中使用的一种战略思想，同时也传达出了雷军求贤若渴的心情。正是雷军的这种诚意和耐力打动了人才，才能把寻找到的优秀人才聚集起来，为小米的发展最大限度地发挥聪明才智。

投入才有产出，小米在寻找人才上投入大量的时间、精力，自然能够收获更多的优秀人才；在众多优秀人才的合作下，才为小米创造出更多的业绩。

细节处见真章：人才选拔三大原则

人才选拔工作看似简单，实则不易，稍有不慎，就会错过找到优秀人才的机会。小米在选拔人才的过程中，尤其在招聘优秀人才时，十分注重细节工作。因为雷军认为，选拔人才同样应当注重细节处见真章的真谛，只有将各项细节都做到位，才不会将优秀人才疏忽和遗漏。

小米在选拔优秀人才时，基本上都遵循以下三个原则：

1.自定义优秀人才

要想找到优秀人才，首先就要明确企业眼中的优秀人才和普通人才的

区别。在雷军看来，优秀人才并不应该简单地具备单方面的能力，因此雷军在寻找优秀人才的时候，除了注重专业技能型人才的选拔，还更加注重考虑具有自驱性特点的优秀人才、与企业文化和价值观融合度较高的人才、对企业工作岗位有兴趣的人才；最好的管理就是不用管理，而能够具备以上三个特点的人才，在工作的时候能够像"打鸡血"一般高效完成工作任务。如果是普通型人才，公司需要花费大量的时间、精力和费用来对其进行培养和管理，与其这样不如直接寻找具备专业技能和自驱性特点的优秀人才直接为公司创造价值，这样公司整体的运行效率会提高很多。

2.集体参与优秀人才招聘工作

在小米，招聘优秀人才的工作不仅仅是人力资源经理的工作职责，更是整个公司全员应当关注的事情。因为在小米的每位优秀人才都是公司发展的关键，关系到整个公司的发展，只有所有高层集体参与优秀人才的招聘工作，才能让优秀人才感到被重视，才能保证优秀人才选拔的精准性。

前文中提到雷军在初创小米时，为了说服洪峰加入小米煞费苦心，最终才将这位硬件工程师说服，成为小米创始中人的一员。

3.构建优秀人才资源库

对于绝大多数企业来讲，通常的做法是当企业出现岗位空缺时，才开始进行人才招聘，这样很容易造成工作链断裂。小米在这方面则构建了优秀人才资源库，做到了未雨绸缪。这样如果小米公司出现人才短缺时，可以直接从人才库调用优秀人才为小米服务。

2018年4月25日，小米投1000万与武汉大学签约，共同打造人工智能联合实验室。当前人工智能方兴未艾，人工智能的爆发已经波及其他众多行业，国内外各大技术企业都将资金投注于人工智能产品的研发和技术推广，小米公司也不会错失良机。小米此次与武汉大学打造的人工智能联合实验室，实际上是将武汉大学作为一个人才资源库，在这里培养众多人工智能人才，为小米日后全面进军人工智能领域做好人才储备工作，以便这些优秀人才随时上岗。

古人语："千里马常有，而伯乐不常有。"小米的成功，关键在于有一个成功的领导者，除了是一个有远见卓识的"操盘手"，还是一个善于发掘人才的伯乐。

| 吸引优秀人才的秘诀 |

优秀人才是企业发展的主力军，然而企业在选择人才的时候，人才同样也在选择企业，这是一个双向选择的过程。企业为了提升自己的市场竞争能力，就必须具有比竞争对手略胜一筹的优势，而优秀人才对于企业来讲，就是一个重要的竞争优势。

一个伟大的公司必然有其成功吸引优秀人才的秘诀，进而推动公司变得更加伟大，小米公司作为行业中的翘楚，自然在吸引优秀人才方面有"绝招"。

推行"人力资本合伙人制度"

传统的雇佣制度下，企业和员工之间总是一种剥削与被剥削的关系，员工总是潜意识中持着打工的心态工作，认为做得越好反而被企业剥削得越多。在这样的制度下，企业日益衰败已成必然。

时代的变迁、经济的发展、新技术的出现给无数人提供了创业机会，同时也加剧了传统企业被颠覆、被淘汰出局的概率，曾经传统企业中给人打工的员工逐渐走出去，开始创业，这样使得传统企业的存活空间更加狭小。与此同时，一种全新的公司制度也由此诞生。

人力资本合伙人制度就是一种全新的吸引人才的制度。在这种制度下，企业与员工的身份从雇佣与被雇佣的关系转变为共同创业的合伙人关系。实行合伙人制度，有两方面的好处：第一，合伙人制度体现为人才贡献和价值的一种认可，并建立给予人才合理回报的机制；第二，合伙人制度对于企业来讲，能够很好地激发人才的创造力，为企业贡献更多的价值。

小米的组织与人力资源创新模式，体现的就是人力资本合伙人制度。小米将这种人力资本合伙人制度掌握到了精髓，主要体现在：

1.初期员工的股份合伙

在初期，包括八位创始人在内，小米共有56名员工，分别持有的股份份额为：雷军77.8%、黎万强10.12%、洪峰10.07%、刘德2.01%，显然是典型的合伙人制度；其余初创期的40多名员工自掏腰包成为小米公司的原始股东，占有剩余4.4%的股份。

2.充分授权的扁平化组织

小米的组织结构呈扁平化特点，只有三个层级：核心创始人—部门领导人—员工。在这种简单的扁平化组织下，小米充分授权，八位合伙人各管一块，各自全权负责自己的业务区域，部门与部门之间不会发生干预和冲突。

3.优秀人才的保障

合伙人制度意味着"有福同享，有难同当"，大家达成的目标和愿景一致，因此在选择合伙人时，必定将优秀的人才作为最佳合伙人。小米赖以成功的核心在于寻找优秀人才打造合伙人队伍，用雷军的一句话说就是：一个靠谱的工程师顶100个，最好的人本身就有很强的驱动力，因此，合伙人制度也是小米能够持续不断拥有优秀人才的保障。

小米推行的人力资本合伙制模式，帮助小米找到了最佳的合作伙伴。同时在以合伙人的方式充分授权时，又加快了各个部门的高速运转，从而为小米打造出一个更加美好的发展前景。

筑巢引凤：展示企业发展空间和机会，吸引优秀人才

俗语说："家有梧桐树，招得凤凰来"。对于企业而言，如果自身发展前景一片大好，自然会吸引更多优秀人才前来加入，进而为企业创造出更多的经济效益。

小米深谙"筑巢引凤"的道理，在引进人才的时候，充分展示自己的优势和前景，以吸引优秀人才的关注和加入。

1.追求卓越，提倡人性化管理

一个公司从上至下，从人至产品，如果只是为了追逐短期盈利而不屑于提升自我品质，是很难吸引优秀人才的。小米向来是一个追求卓越的企业，无论是小米的优秀创始人，还是打造爆款产品、实施差异化营销都体现出小米不断追求卓越的风格和品质。

小米的企业文化所体现出来的平等、创新、合作、匠心四大特点中，"平等"代表着企业对员工一视同仁、人与企业共同成长，在这种公平竞争机制下，全员会产生努力向上的氛围。这种更具人性化的激励机制下，必定是一群具有开放性心态和正确择才观念的领导人，而这样的企业必定人际关系和谐，沟通顺畅。这些也都是小米能够吸引优秀人才的前提。

2.展示发展空间，提供成长机会

优秀的人才必定对自己的职业生涯有十分完整的憧憬和规划，更加注重自身价值的体现，并对自身价值换取的回报十分关心。基于这些与自身发展有利的因素，优秀人才在选择企业的时候会将"企业具有多大的发展空间""是否能为自己提供成长机会"等问题考虑在内。

小米公司的高层本身都是一些年轻人，他们也都是从最初的打工阶层走出来的，他们更加能够体会到有学识、有才华、有能力的年轻优秀人才的心声，更加了解他们的内在需求，因此小米为每位加入小米的成员打造了"没有天花板的舞台"，在小米每位成员都可以自由发挥自己的聪明才智，在小米人人都是产品经理。如此广阔的发展空间和成长机会正是每位优秀人才想要的，因此能够吸引优秀人才源源不断地加入小米公司，共创辉煌。

3.明确告知企业的发展前景

俗话说得好"跟着狼吃肉"，换句话说，就是一个组织、企业的发展空间在一定程度上决定了其成员的发展空间。小米公司正是互联网领域驰骋的一匹凶猛的狼，在市场竞争中一路拼杀，所向披靡；凡是在小米工作的员工，都是像狼一样的工作狂，雷军本人曾自己坦言："现在我和我的员工都是一天工作12小时左右。"雷军的这句话显然是在向外界宣告小米的良好发展前景。一个没有发展前景的企业，又岂会有员工如此卖力工作？企业舞台有多大，企业的持久性有多大，小米公司的发展前景从小米员工的工作热情中可见一斑，这也是小米能够成功吸引人才的一个原因。

小米的成功，在于寻找、选拔人才方面的精益求精，通过展示企业的发展和机会，能够让优秀人才看到小米的巨大潜力以及成为小米员工的好处，这样自然能提升优秀人才成为小米员工的积极性。

留住人才，拴住人心，企业才能不断壮大

无论何种类型的企业，寻找人才不易，留住人才更是难上加难。企业如果能够想方设法留住人才，拴住人心，那么就能不断壮大。小米在留住人才方面自有一套屡试不爽的"秘笈"。

打造利益共同体

在经营企业的过程中，经常会提到一个词——"利益共同体"。企业外部的"利益共同体"是企业与外部合作者共同协作成为利益共同体，在利益共同体下的合作者越多，则证明企业的规模越大，实力越雄厚。

对于企业内部而言，同样是由一个个微小的利益共同体构成的，每位

员工用自己的力量共同构建企业的利益共同体。员工加入企业的目的就是抱着"有前途"和"有钱途"，而企业吸纳人才的目的是人才能够为企业创造更多的财富。在这样的前提下，企业和员工之间就自然形成了一个利益共同体，企业与员工之间一荣俱荣，一损俱损，从这一层面来看，小米公司与员工之间的利益共同体是成功的。

另外，既然小米在人才方面实行合伙人制度，那么但凡是合伙人中的成员必定有共同的发展目标，在公司能够实现利益共享、风险共担，每位员工借助公司平台共同实现人生价值与创富梦想。这样，员工就会认为工作就是为自己工作，员工为公司贡献价值就是为自己贡献价值，一切都是为了自己的利益而战。

正如雷军说过的一句话：我把小米的每一个创始人都变成了股东，那小米就是所有人的事业，小米搞砸了亏的不仅仅是钱的问题，还有面子问题，所有人都没面子。同样的，小米的成功不是我一个人的成功，也不只是八大创始人的成功，而是小米整个初创团队所有人的荣誉。

像雷军这样高明的"指挥官""管理专家"，更乐于让员工共享企业成长的成果，喜欢把自己的事业演变为整个公司上下所有人共同的事业。这仅靠钱是不行的，唯有构建一个利益共同体，全公司为共同的利益——包括荣誉、荣辱、尊严、金钱等而战才能有效提升整个公司的业绩和利润。

给足团队利益，让员工"爽"

想要留住人才，激励是最好的方式，小米激励员工时，就一个"爽"字。

1.不设条条框框，让员工"爽"到燃烧自我

让雷军感触最深的一句话是"天理即人欲"，而小米让员工"爽"就是充分满足员工的"人欲"。作为一个单独的个人，每个人是不愿意心灵、身体受到束缚和限制的，同时更希望得到心理需求的满足，包括尊重、利益等。

在小米公司内部，没有什么条条框框，也没有什么生搬硬套，因为雷军认为条条框框的东西可能适合一部分人，也可能根本不适合所有人，因此小米在管理员工的时候与员工打成一片，让员工能够在自由自在的环境中不断成长，更好地发挥自己的价值，释放自己的潜力，这种看似自由"散养""放养"的方式，使得员工能够按照自己的个性和习惯完成自己的工作，让员工感受到强烈的被尊重感，从而提升员工工作的热情和动力，让他们尽情地燃烧自我、奉献自我。

2.利益透明

很多公司经常跟员工说努力工作就会获得期权，但对能够获得多少期权只字不提，直到临近上市的时候才向员工透露期权的多少，这种做法难免遭到了员工的不满，认为利益不透明，很难服众。

小米公司内部，雷军总是跟一进来公司的合伙人、核心员工讲得明明白白，即便再多的事情也都摆到台面上，用事实说话，明确告诉员工期权是多少。小米之所以这么做，是因为雷军明白在当前人才竞争如此激烈的时代，没有足够的利益驱动，只凭纯碎的兄弟情，是很难让团队中的每位员工感到"爽"的。

总之，只有员工真正感受到切实的利益，才会感觉到"爽"，才更愿意死心塌地地留下来为公司创造更加辉煌的未来。

04

方法论三：
产品——为发烧而生，让用户尖叫

　　一个企业要想快速抢占市场并成功跻身行业前列是需要付出很多努力的，产品则是企业抢占市场最基本的要素。因为，抢占市场首先就要用产品吸引用户眼球，用高品质赢得用户好评。小米就是一个靠产品抢占市场的企业，通过"为发烧而生""让用户尖叫"的产品赢得了巨大的用户。

| 定位：为"发烧"而生 |

作为一个企业，必定要有自己的灵魂，而小米的灵魂是什么呢？正如小米的那句广告词："小米手机为发烧而生"。小米将自己的品牌定位为"为发烧而生"，因此也决定了产品定位也必然是为品牌定位所服务。

从小米科技成立的第一天开始，他们就是直接奔着做手机去的，虽然这个想法是雷军最初发起的，但是这一点却得到了小米第一批员工的支持。后来，小米又以手机为切入点围绕互联网电视以及智能家居生态链进行建设，用产品的低价格、高品质、迎合消费者需求让消费者为产品而发烧。

独创发烧友"极客"文化

当前，科技与文化交融、碰撞中诞生了很多了不起的企业，小米科技作为国内手机领域的后起之秀，踩准了互联网产业发展的节拍，利用企业文化与高科技相结合的方式，开创了互联网手机品牌的特殊路径，更形成了一种全新的、独具特色的发烧友"极客"文化。

凡是登陆过米聊微博论坛的人都会发现，这里常驻着一群非常活跃的用户，他们在论坛中表现地极为积极上进，对手机也懂很多，而且有很强的互联网习惯。他们能够将手机每个部件的性能分析出来与其他品牌手机进行比较。他们会比较到底哪个品牌的CPU更快？启动速度具体是快2秒还是3秒？手机屏幕是多大？……这些人对于数码方面有很多研究，他们爱折腾、又爱玩，对互联网的热度和电度很高，他们被称为"发烧友"。也正是这些发烧友，助推了小米这个互联网企业在国内手机市场一夜成名，成为手机市场中的一个让人艳羡的后起之秀。

雷军曾说过，他有几百万个黏度极高的发烧友，他们知道自己有什么需求，渴望参与其中。小米每周更新四五十个甚至上百个功能，其中三分之一是由发烧友提供的。也就是说，正是这种想要参与其中的渴望，让小米拥有了几百万个不拿工资的研发者。

更让人吃惊的是，小米论坛上如今有千万用户，每日发帖中枢达到25万条左右，可谓是傲视国内所有同行。要知道，在这25万条帖子中，有很多都是用户自愿参与为小米产品出谋划策的建议或产品完善方案，极具参考价值。

这样也就不难解释每次小米开办发布会时，为何消费者能像着了迷一样钟爱小米手机？为何小米每次发布会都能获得一个具有神话色彩的销量数据？用小米科技创始人黎万强的一句话来解释就是"小米手机是'活'的，是有生命的，我们的操作系统每周升级一次，并且让发烧友参与其中。"

事实上，这些发烧友所爆发出来的创新战斗力远超我们的想象，给小米带来的宣传力量也是惊人的。

当雷军通过互联网在微博上宣布小米的新玩具要发布的时候，很多人都主动参与进来一起来YY，有YY成水瓶的，有YY成手电筒的，还有将小米路由器PS为"小米豆浆机"的。众多用户参与并各抒己见，YY的产品可谓是五花八门。当时就连雷军本人都还没想好如何才能做出这款豆浆机，是否需要操作系统，用户的热情参与却使得小米有更加意想不到的产品萌生了。于是，基于对这些产品的好奇与新奇感，用户们主动将其传播出去，不知不觉间，产品还不知道究竟是什么样子的时候，这个品牌口碑已经在广大发烧友中广泛传播。这所体现出来的便是小米独创的发烧友"极客"文化。

近几年，小米公司一直在做良心好产品，发布的每一款产品都比同行业便宜，而性价比却一直都保持超高的状态。小米在市场中成功立足，其很大一部分功劳在于小米发烧友对产品的创新。也正是如此，"为发烧而生"是小米产品定位一直不变的理念，让小米产品永远保持了做创新、发烧的特征。

产品符合发烧友的喜爱

雷军一直都说小米是"为发烧而生"的，然而发挥市场的力量去检验雷军的这句话才是最好的证明。小米作为国内线上知名品牌之一，仅从其每年的销量就见端倪，就能说明小米在手机行业的确有较强的竞争力。

2011年12月18日，小米手机1正式开始网售，仅在短短的5分钟内就将30万台售空。

2012年，小米为了迎接815电商大战，仅仅在24小时内就完成了从策划、设计、开发、供应链的一系列工作步骤，上线后，其微博转发量超过了10万次，创下了销量接近20万台的奇迹。

在2014年国内手机销量为6122万台，在排行榜中占据龙头位置，而三星则以5840万台的销售成绩屈居第二。

2015年，小米手机销售量为6490万台，位居中国第一名，用事实证明了小米手机是当之无愧的无冕之王。

2016年、2017年，小米手机销量呈现下降趋势，以5800万台、5094万台的销量在全国销量排行榜中排名分别为第四、第五。

2018年，《2018年第一季度全球及中国市场六大品牌同比变化统计》中的数据如下表：

2018年Q1全球及中国市场六大品牌同比变化统计		
	全球市场同比变化	中国市场同比变化
三星	−6.3%	−44.2%
苹果	−2.5%	8.5%
华为	4.2%	1.0%
OPPO	−30.3%	−34.0%
小米	53.9%	43.1%
vivo	−20.8%	19.8%

可见，只有小米的全球市场和中国市场的同比变化成正比例，而且是正向变化比例最大的，因此，可以看出，同期，小米在全球和国内的销量呈快速上升趋势。

从小米第一台手机小米1问世到现在，历经了8年时间，有过短时创销售奇迹的辉煌，也有过年销量排行的荣光，即便在中间转型期出现下滑趋势，但整体上看，在全球同行业中手机销量都名列前茅。小米能够在对手林立的全球强大竞争中斩杀出一条"血路"，靠的就是消费者、发烧友对小米的喜爱。

当年《商业价值》在对雷军和黎万强进行采访时，他们解释了小米手机定位为"为发烧而生"的原因：当前Android系统的深度用户几乎都是发烧人群和极客，而MIUI的受众也是这样的。在新的手机消费潮流中，技术的重要性正在与日俱增，而技术往往意味着高端，能吸引更多用户。借着微博、人人网、论坛等渠道，能加快信息传播的速度，专业人群和发烧友如果能选择小米并使用小米的话，将起到一个比之前更强的示范作用，从而使消费者对小米产生信赖感。

因此，为了满足发烧友对小米手机的高要求，小米做出了很多努力，不仅从软硬件设计上增添了与其他手机不同的属性，而且在MIUI系统方面，也将专门针对发烧友做出特殊的设计和调整。

虽然有人认为这样定位有一定的风险，因为真正懂技术的人毕竟是少数。据国内排名第一的电子市场数据显示，懂得刷机并且在社区内活跃的用户仅仅有3000人左右。对广大不懂技术却追求时尚数码的人来讲，小米手机定位为"发烧手机"，会使得他们怀疑小米手机的技术性是否适合自己。从这一角度来看，小米手机"为发烧而生"的这一定位越成功，则以后如果想改变定位越困难。

然而，雷军却对这一定位信心满满，认为这一定位的风险并没有想象的那么大。在小米手机开拓市场的过程中，小米有三个重要"武器"，分别为：

1.小米手机是在高配置的基础上诞生的，同时还是注重软件开发的手机。

2.米聊和MIUI系统已经积累了不少的用户资源，这些用户会有很大一部分关注小米手机，进而对小米手机产生极大的兴趣。目前，小米MIUI系统已经有20个国家语言版本，在国外发烧人群中有一定的影响力，这就注定了小米手机走向国际市场时具备了一定的优势。

3.小米一直以来都是用互联网思维方式运营整个企业，而这一思维方式将顺延到手机销售和服务当中。

小米一路走来，都是在不断的摸索中前进，小米并没有任何可供参考、借鉴的模板。如今，小米"为发烧而生"的理念依旧没变，而发烧友追随小米的脚步依然没有停滞不前，而且在雷军的带领下，用互联网精神，描绘着未来的美妙图景。正因如此，小米无论做手机还是其他产品，就一定不做一般的产品，而必须是真正高性能、发烧级、全球领先的手机。

| 目标：让用户尖叫 |

企业的产品，可以说直接影响整个企业的形象。因为产品的好坏，能够通过消费者的使用而感知，并由此根植于消费者心中。做好产品——做能够让用户为之尖叫的产品，这是一个企业研发产品最核心的目标，小米公司一直以来的产品经营目标就是"专心做让用户尖叫的产品"。

好产品要真材实料

很多人都会问这样一个问题："什么才是真正的好产品？"而获得的答案也是五花八门。有人认为能够解决用户的某个问题，满足其特定时间、地点产生的需求；也有人认为好产品要让用户觉得容易使用，能够更加高效地解决用户问题；还有人认为产品要具备趣味性，能给用户带来更加完美、快乐的使用体验；更有人认为价格低、功能好玩、外观好看的产品就是好产品。然而，在雷军眼中，真正的好产品首先要做到真材实料。

在2015年12月16日至18日举办的第二届世界互联网大会（WIC）上，雷军接受采访时表示对小米今年的表现非常满意，将坚持真材实料做产品，不忘初心。

的确，在任何时代，产品和服务都是企业竞争的核心要素。而产品如果做不好，服务如果不到位，是很难深入人心并获得市场竞争力的。雷军在打造小米产品的过程中，坚持做真材实料的产品，给用户带来更加优质的产品，再加上高性价比，自然能够赢得用户的尖叫。

实际上，雷军在小米创建之初，就已经做了决定，要将小米打造成优秀产品与完美服务兼备的互联网产品。为了实现这一目标，雷军还专门向知名企业学习：从海底捞的服务模式，学习为用户提供专注的服务；从同仁堂的产品品质，学习做真材实料的好产品。

2014年，雷军应邀在联想集团内部做了一次演讲，在演讲过程中，他谈到小米产品时，讲到了同仁堂的专训"品味虽贵必不敢减物力，炮制虽繁必不敢省人工"，意即做产品，材料即便贵也要用最好的，过程虽然繁琐也不能偷懒。换句话说，要真材实料，他认为企业要基业长青，就要做到两条：第一真材实料，第二对得起良心。从雷军演讲的话语中我们不难看出雷军对同仁堂"做产品要真材实料"这一专训的认同和信仰。雷军认为，用户真正需要的，首先是好东西，而不仅仅是便宜的东西。因此，雷军在日后打造小米产品的过程中选用的材料全部是全球最好的。

在很多人看来，小米的文案营销极为精彩，让小米产品永远给人一种华丽的感觉。但能够如此说的人，其实并不知道小米背后用材的真实样子。

小米手机的每一个元器件都能与国际一流供货商相媲美，它选用高通、夏普、三星、LG等作为其元器件供货商。从触屏组件、相机组件搭配到电路板、屏幕、机身材质，每一个细节都能力争做到最好，代工厂也是选择全球知名的富士康和英华达为其生产小米产品，因此使得小米在质量方面让消费者能够信赖和放心。

先以小米的机身材料为例。在小米的全系列产品中，对材料与工艺包装的要求都很高，尤其米4更能彰显华丽的特点。小米并不是第一家使用不锈钢制作手机的公司，早在2007年，魅族就推出了一款不锈钢抛光材料打造的M6，当时本以为这种材料的硬度足够强，但经过使用后发现机身表面容易被磨花。而小米有了魅族的前车之鉴后，虽然同样采用不锈钢材料做机身，但却选择的是奥氏体304不锈钢板，这种型号的钢板与魅族当年使用的钢板相比，具有极强的防锈、耐腐蚀性，而且还具有极佳的可塑性和韧性，方便冲压成型。

再以小米屏幕材质为例。通常很多手机品牌采用的是普通的平面玻璃，这样的平面玻璃杯叫作2D玻璃。而2.5D的玻璃是指部分平面、部分弯曲的玻璃。2.5D玻璃做手机屏幕时中间是平面，边缘弯曲，这样做出来的手机能够给用户一种更好的持握感。而小米却并不满足于2.5D玻璃，采用3D玻璃作为手机屏幕的材料，这就意味着打造出来的手机屏幕是全曲面的玻璃，有一定的弧度，没有平面。与2D玻璃、2.5D玻璃相比，使用3D玻璃做手机屏幕，则给用户带来的使用体验更加完美，但造价却更高。

　　真材实料的东西自然成本就会高出很多，但小米却依然选择好品质的产品做小米手机的材料，这更加凸显了小米打造真材实料好产品的决心。

　　靠着这种"好产品要真材实料"的理念，小米公司的每一款产品都能比用户想象得更好，因此能受到用户的疯狂抢购。

注重用户体验

　　让用户尖叫的产品必然是好产品，而好产品就一定要在功能上进行创新，因此，很多企业在设计和研发某一款产品时，产品工程师们绞尽脑汁在产品的功能上下功夫，认为增加产品的功能，自然也就增强了产品的可用性，这样打造出来的产品也一定是好产品。但是，对于大多数消费者而言，可用性就是用户体验，难道功能越多，给用户带来的体验就越好吗？要想让用户获得良好的体验，通过打造多功能产品就能实现吗？事实上并非如此。

　　因为产品的功能多，只能给用户带来新奇感；而体验则是在用户使用产品的过程中所获得的全部心理感受。

　　以往认为，一个企业要想在瞬息万变的市场中获得一席之地，必须用更加让人感到新奇的创新产品来吸引消费者的关注，进而有效提升销量，最终才能在市场竞争中取胜。但这样做往往会适得其反：

　　第一，功能即便再多，但未能击中用户需求，不但会对产品的核心功能造成干扰和影响，还会使产品显现出臃肿性、不实用性。

　　第二，如果一件产品虽然被赋予了诸多功能，但对于用户来说没有实用性，消费者依然不会为其埋单。

第三，盲目地在产品功能上创新，使得产品工程师在一些毫无实用性的功能上花费时间和精力，这样就使得在核心功能上所花费的时间和精力相对减少，不利于给用户带来更具竞争力的核心体验。

小米公司对于这一点有着更加深刻的认识，因此在打造产品功能的过程中更加懂得注重用户体验。在互联网时代，企业向用户传递的信息价值不在于信息量的多少，而是这些信息能够给用户带来多少有用的内容；企业向用户推出一款产品，并不是为其赋予多少功能，而是其能够给用户带来多好的体验。小米能够将产品体验放在第一位，体现出其极为睿智的一面。

用户体验是用户对产品的好坏的一种纯主观的感觉，它发生在用户与产品接触之后，完美的用户体验应该是用户使用产品的过程中从头到尾都能感觉到"快乐、放松、便捷"。

小米5s发布会上，当雷军对小米5s的设计理念进行介绍时，细心的用户会发现，小米5s的超声波指纹识别处出现了一个挖槽。雷军解释道：小米5s在早期设计的时候是没有这个槽的，而是设计了一个指纹符号，让用户可以一眼就能看到超声波指纹的区域。但是后来感觉这种设计不够雅观，甚至有一些难看。为了能够尽量给用户带来更加完美的使用体验，设计师选择在手机的玻璃屏上原来印指纹符号的地方挖一个槽，这样既可以十分方便地定位指纹的位置，而且在外观上也给用户带来优雅的体验感觉。

其实，对于一款产品来讲既要满足使用时具备操作方便的体验，又要在外观上满足美好的视觉体验，这两样是很难抉择的，但是小米选择了将用户体验放在首位，并用最小的代价换来了用户最好的使用感受。小米正是用心在做，才使得小米产品获得了惊人的完美体验效果。

互联网思维开创新品类

互联网给传统行业造成的影响越来越大，因此使得很多传统企业开始向互联网转型，借助互联网打造传统产品。而小米作为一家互联网公司，本身就携带互联网基因，自然在产品方面以互联网思维为基础开展研发工作。

在当前这个互联网时代，用户越来越注重产品体验，传统的产品已经无法将产品的人性化更好地体现出来，很多产品在设计上只是基于最基本的使用功能，这也是用户对传统产品体验反馈非常差的原因。而小米作为一个互联网企业，所打造的产品就是典型的互联网化的传统产品，即在互联网思维的基础上跳出传统产品的思维，开创新品类。

以插座为例。很多人认为，插座不就是用来充电吗？的确，传统的插座在使用的过程中满足了用户的充电功能，但随着互联网时代的来临，人们对插座的功能提出了更多的要求：插座除了能充电，还稳定传输数据；有安全芯片，更重要的是要保证不发生危险。

针对这些需求，小米开始借助互联网思维，在传统的插板上进行改进和创新。2010年，小米打造了一款USB插座，被当作是传统的家电类取电设备，并未在数码领域中掀起波澜。

随着小米生态链的进一步扩展，在2014年10月10日，小米又发布了一款智能插座。该智能插座在顶部设计了开关按键和USB接口，更重要的是这款智能插座在使用时需要在手机App上搜索并下载安装好"米家"应用，然后经过小米路由器进行设备链接，之后再打开米家软件中已添加的智能插座，点击开关按钮就可以对家中的电器实现远程控制。只要手机能上网，无论在哪里，都可以随时随地地遥控家里的电器。准备下班回家时，远程用手机打开提前准备好的电饭煲，打开客厅门廊的灯，打开净化器等，这样，用户可以通过远程控制小米插板，进而对家中所有用电器进行掌控。

"把插线板当艺术品来做，用互联网开创新品类，让生活更美好"这是雷军描述的自己做产品的态度——他也的确是这么做了。

可见，小米不只是将传统产品进行互联网销售，而是抛开了传统商家的产品思维，将传统死板的产品思维进行互联网化，用互联网思维打造产品，给用户带来更加智能化、便捷化的消费体验。

05
方法论四：
运营——高效率、低成本、快扩张

　　任何企业如果能做到"高效率、低成本、快扩张"，都会在市场上赢得一席之地。然而，"高效率、低成本、快扩张"并不是一件一蹴而就的事情，是需要按照步骤去执行才能逐渐达成目标。小米的成功，自然也有属于自己的一套运营方法论。

| 小米模式就是"铁人三项" |

小米作为一个互联网企业，自成立到发展至今，取得了世界瞩目的成就。但小米能够取得今天这样的成绩绝非偶然，而是经过精心打造的完美运营模式——"铁人三项"实现的。截至目前，在小米的发展史上，先后经历了两种"铁人三项"模式：

1.旧"铁人三项"模式：软件+硬件+互联网服务

早期，小米的"铁人三项"即：软件+硬件+互联网服务，软件即MIUI系统；硬件主要是小米手机、配件、电视、手环等；互联网服务主要是指在软件和硬件基础上提供的应用和服务，包括米聊、小米云、WiFi等。

小米自创立之初就把公司定义为互联网公司，并且主要从事的是软件开发，而后推出了基于Android系统而进一步深度优化的MIUI系统。凭借MIUI系统，小米公司培养出了一批忠实的"粉丝"。随后小米推出了移动互联网上当时最受用户欢迎的社交软件米聊。当在操作系统、互联网应用小试牛刀并且取得了可观的收益之后，雷军的"铁人三项"运营模式才开始实施最为关键的一步：智能手机硬件。

在雷军实施"铁人三项"模式之前，在智能手机市场中，苹果、三星、黑莓等品牌已经占领了大半壁江山。小米手机要在夹缝中求生存，并让自己能脱颖而出，是一件非常困难的事情。后来，雷军向"发烧友"推出了一款高性价比手机，在不亏本的前提下，尽量不依靠硬件盈利。因此，雷军发布了第一款小米手机米1，这就意味着小米真正地迈出了硬件那一步，实现了"铁人三项"的布局。

2.新"铁人三项"模式：硬件+新零售+互联网服务

然而，随着时代向前不断发展，小米的"铁人三项"内容发生了变化，成为"新铁人三项"，即：硬件+新零售+互联网服务。硬件主要包括手机、电视、生态链智能硬件等；新零售涵盖了小米官网、小米之家、全网旗舰店、小米之家、小米有品等；互联网服务包括MIUI系统、互娱内容、金融、云服务等。

随着新零售时代的到来，小米又将盈利点放在了新零售上。为此，在2017年7月11日，雷军在网商大会上宣布了新的"铁人三项"计划：硬件+新零售+互联网服务。在新计划中，少了软件却增加了新零售。

雷军紧跟当前新零售的时代步伐，在线下开实体店，并且走的是群众路线，从每家店面的客流量就足以证明小米开设线下店是成功的。在雷军分享开线下店的过程中，他充满自信和自豪。事实上，当初在雷军打算开设线下店铺的时候，就有人提醒他房租太高、人员成本太高，线下店肯定做不火。

也正是在2017年，小米为了布局新零售，将原来的手机售后门店小米之家进行了升级改造，在原有的基础上，围绕消费者智能家居生活设置产品线，成为提供产品展示、科技体验、增值服务、商品销售、社交互动的创新零售品牌。

如今截至2018年3月31日，小米之家已有331家门店。小米之家的迅速成功，为传统零售业带来了一道曙光，为新零售行业树立了良好的标杆。并且，雷军还在2017年7月11日的网商大会上表示未来三年要建立1000家小米之家，这表明雷军对走"新铁人三项"模式的决心和信心。

总而言之，身处互联网那个时代，要想为自身快速找到赢利之门，通常都要企业做四五年的时间去积累和准备。放眼当下，在互联网行业中数得上名号的公司，大多数都是经过数年的积累和发展才有如今的实力。互联网时代是一个快速变化的时代，即便是互联网三巨头百度、阿里巴巴、腾讯，也都没有自己固定的盈利模式。因此，小米公司未来的发展必将在雷军的带领下找到一个能够更好地发挥"铁人三项"模式的机会。

| 小米两大运营精髓 |

一个企业能够成功成为市场中数得上名的优秀企业，其运营方面必有"过人之处"。小米自成立至今，短短的几年里发展速度惊人，总体呈现扶摇直上的趋势。它能够一步步向成功靠拢，同样也有优于其他企业的巨大优势——小米特有的企业运营之道。

小米七字诀：专注、极致、口碑、快

在2012年北京国际会议中心召开的第七届中国互联网站长年会上，谈及企业创业成功的秘诀时，小米CEO雷军介绍了小米成功依靠的"七字诀"——专注、极致、口碑、快。雷军认为这"七字诀"是互联网行业中最重要的秘诀，正是他在互联网行业中打拼了多年，才总结出了"七字诀"。

不仅是小米能够借助"七字诀"发展壮大，在互联网企业中取得成功，互联网行业中的任何企业，甚至任何行业，只要能做好"七字诀"中的每一项，就能超越自我，超越竞争对手，成功成为行业中的佼佼者也必将指日可待。

1.专注：少就是多，大道至简

在雷军看来，苹果和乔布斯就是"专注"的典型代表。

苹果作为世界上最贵的公司，截至2018年2月以8918亿美元的市值依然稳坐全球企业市值100强首位，仅iPhone一种产品其营收就占到了苹果公司2018年第一季度总营收的70%，因此我们可以看出，其他智能手机品牌，如三星、摩托罗拉、HTC等所有加起来，其利润也仅仅是iPhone的三分之一而已。截止目前，苹果一共研发过14代手机。乔布斯的专注是人们想象不到的，他做手机甚至专注到了所有手机只有一种颜色，到了后期换了几个颜色之后，他觉得自己已经不够专注了。

事实上，早在1997年的时候，苹果濒临破产，苹果公司请回了昔日老帮主乔布斯，乔布斯首先提出的就是：决定做什么和不做什么一样重要。经过一次产品评估大会后，乔布斯发现，苹果的产品线非常分散，很多产品没有继续做下去的价值。于是乔布斯果断地将70%的产品一刀切掉，之后，苹果专注于研发4款产品，正是这4款产品拯救了苹果。

作为乔布斯的崇拜者，雷军曾经将遥遥领先手机市场的苹果和其他品牌的手机生产商做了一个比较，他发现，苹果之所以能够成功，是因为乔布斯的专注。

在雷军看来，"专注"其实很重要，传统工业时代大家做了很多种型号，其实这是巨大的浪费。虽然看上去给了消费者很多选择，但却因此使得消费者产生了"选择困难症"，而且型号太多他们根本记不住。再加上市场中每天都有手机品牌被"山寨"的新闻，短短几天的时间里就可能会出现上百款新手机，而很多刚出来没几天就销声匿迹的产品根本不会带来多少经济价值。这也是为什么小米一直以来只推出少数几款手机的原因。

以小米MIUI系统为例。一直以来，小米做手机都是从每一个细节做起，通过MIUI进行上千次有针对性的改进，以达到更适合中国人使用习惯的目的。仅以最常用的电话功能为例，就倾注了小米人的无数心血。

MIUI自发布之日起，一直都是希望为用户打造最好的电话体验。我们每个人也都有感触：人生中，错过了该接的电话是一种遗憾，接了不该接的电话是一种更大的遗憾。所以小米为了能够解决用户的这个痛点问题，在MIUI中增加了30秒未接听铃声自动放大、拿起手机铃声自动减弱，并能标记陌生电话、防止电话骚扰等功能。这样，不管用户选择接还是不接，掌握了选择权就不再会遗憾。

对MIUI系统进行了数十项改进之后，小米手机已经不仅仅是一部电话，而是一个能够为用户带来更好使用体验的贴心产品。正是因为小米的这种专注，使得小米产品更加懂得每位用户的需求，也深受用户的喜爱。

雷军看来，在当前这个信息过剩的时代，只有多考虑如何把东西做精致、做得有价值才是问题的关键。其实，越是看似简单的东西，在做的时候就越难，但却很容易传播。这就是"大道至简"的道理。

2.极致：做到自己能力的极限

很多人都认为小米的成功在于"打价格战"，其实并非如此。雷军说过："用成本价销售产品，用原材料成本价销售，其实就根本不会有价格战。"那么雷军是如何敢用成本价销售产品的呢？其实，答案就两个字——极致。

所谓"极致"就是要做好、做到顶尖。很多人在了解"极致"的时候感觉很费劲，但在雷军看来，要想做到极致，就需要做到自己能力的极限。

如今的市场，在技术上做到极致是需要时间和天赋的，并且还存在一定的难度，但是如果做一些核心服务，既简单又免费，这样实现"极致"就能容易很多。只要用心，就能做到极致——小米在这一点上做得非常不错。

在刚刚推出小米手机1的时候，税务局进给小米四本发票，然而这根本跟不上小米发展的速度，无奈之下小米公司只好采用后补的方式——在为用户补寄发票的同时，在装有发票的信封里放一张卡片，并附上"让你久等了，亲，对不起！"的话语。然后在卡片上印上小米的卡通化身——米兔形象，最后还在信封里附赠一张手机贴膜。

小米这样的人性化、贴心的服务让很多消费者原本的不满情绪在收到发票后顿时感到没脾气，反而对小米更加情有独钟。这就是小米，一个能够用"极致"和"机智"打动消费者，并能够大规模聚拢用户的企业。

3.口碑：超用户预期

雷军对于"口碑"两个字有特别的诠释。在他看来，小米所拥有的良好口碑并不是因为其低价而树立起来的，而是通过超用户预期换来的。

小米初期发布小米手机的MIUI系统时，用了一周时间才找到了100个用户，但雷军并不为此而担心，他说："不要着急，慢慢来，因为我们没有任何宣传。"然而在接下来的第二周用户数量达到了200人，第三周达到了400人，第四周达到了800人，就像是滚雪球一样。这就是"口碑"的速度，超乎每个人的想象。

雷军说："你的产品一定要能好到让大家愿意说出来。口碑的核心不是价格便宜，便宜的产品也不一定有口碑，又好又便宜的东西也不一定有口碑，只有一个东西有口碑，这就是超过用户的预期。"因此超过用户预期，才能够有好口碑。

2013年1月4日，小米为了感恩老用户的大力支持，举办了一次30万老用户回馈活动。当时有60万人在网上排队等候预定小米手机，等待最长的甚至等了足足100多天才拿到小米手机。小米为了向用户表达感恩之情，就向60万老用户每人发放50元现金券，总计3000万元。该现金券没有任何条件限制，可以在小米网上用于购买任意产品。此外，雷军还要求自己的团队给每个老用户寄出了精美的卡片，上面写着小米对用户的感激之情。虽然这些看上去微不足道，但是从另一个方面却为小米树立了良好的形象，形成了良好的口碑，也超过了用户的心理预期。

4.快：天下武功，唯快不破

互联网本身具有"短、平、快"的特点，雷军在互联网时代创建了小米，自然也追求一个"快"字。雷军经常谈及的一句话就是："天下武功，唯快不破"。"快"是一种抢占市场先机的力量，企业如果慢下来，往往会暴露出许多问题，甚至影响企业的正常发展，然而快速发展所遇到的风险是最小的。

小米的"快"着重强调的是借助轻资产模式实现小米的快速反应、快速增长。

第一，小米没有制造工厂，所以可以用世界上最好的工厂生产最好的小米产品。

第二，小米没有中间渠道，因此可以采用互联网的电商直销模式或者线下小米之家的模式。这种省去中间环节的运营方式，有效减少了销售成本，使销售效率更高。

第三，没有工厂，小米可以将更多的精力和资金投入到产品研发方面以及用在和用户、"粉丝"交流上。

这样就能够加快小米的快速发展，缩短开发周期，让小米产品快速在市场中获得先机，利用先入为主的优势增加小米销量，进而增加小米在市场中的份额。

> 倍数成长是互联网公司的一个最基本的原则，这就要求企业对于用户提出的意见和建议反应得非常快。通常情况下，用户提出来的意见被小米采纳之后，仅仅需要一周的时间就可以将采纳意见后的产品发布出来。而诺基亚时代却是三五年不进行一次系统更新；作为手机品牌大佬的苹果，也仅仅是每年发布一次；谷歌则是每个季度发布一次；而小米仅仅需要一周，这充分体现了小米的"快"。

可见，雷军带领小米能够走向成功、走向辉煌是有一定的"门道"的，而"七字诀"就是推动小米成功的方法之一。

小米经营用户的三个"诚意"

雷军在做小米的过程中，十分讲求"诚意"两个字。所谓"诚意"，就是诚恳的心意。

小米对每位用户能够敞开心扉，与用户面对面交朋友，邀请用户参与产品设计讨论等，这些创造性的商业运营方式把原本厂商与消费者利益敌对的关系化解，在用户参与感的推动下，已经把小米当成了自己的家，把小米产品当成了自己的产品，使得小米与用户、"粉丝"之间的距离拉得更近。

正是小米这种能够把用户、"粉丝"当作"自己人"的方式，让用户、"粉丝"感受到了小米的诚意。

1.带着诚意倾听客户意见

"倾听客户意见"看似容易，但做起来难。一方面，需要借助互联网渠道、社会化媒体渠道，打通企业和用户之间的隔阂；另一方面，用户之间也存在意见分歧和争议，企业要听哪一方的意见？如何才能听得懂用户究竟想要的是什么？如何才能满足用户需求？这些都是需要企业拿出诚意来，真正和用户在一起、和用户"打成一片"才能真正找到答案。

小米公司从上到下，即便是高层产品研发经理、高级开发工程师，都要直面用户，随时聆听并接受用户的意见和建议，和用户一起开会探讨产品需求。对于很多企业来讲，对小米的这一点极为不解：做为一个产品研发经理、高级开发工程师为何要把自己的时间浪费在根本不懂产品的消费者身上？

其实这正是小米运营的一大特色，雷军认为这样做并不是在浪费时间，相反，产品的最终使用者是消费者，他们在使用过程中是否感觉满意，才是产品能否成功的重要衡量标准，用户才是真正了解产品的人。另外，这样的工作还让企业能够7×24小时获得更多产品创意，并且这些创意来自于用户，受用于用户，用户自然非常乐意为此埋单，更重要的是这些优质的创意还是用户自发提出的，是免费的。这种方式可以帮助企业有效避免闭门造车而带来的产品研发方向性风险。如果每次创新都能保证不走错路，这就是对产品研发时间的一种节约，也是帮助企业能够以最快的速度抢占市场的好方法。

2.用百分之百的诚意做产品

消费者是产品的使用者，那么要想向消费者表现自己的诚意，企业就应当用百分之百的诚意做产品，让用户、消费者真正感到满意。纵观那些历经沧桑的百年老店，哪一个不是因为真材实料的产品得到了百姓的信任才屹立不倒？

小米正是认识到了这一点的重要性，因此一直以来都在坚持选用世界上最好的元器件供应商，选择最好的代工厂，为广大用户打造不折不扣的好产品。小米一直以来坚持高性能、高性价比、最好用的系统，这就是小米能够真正打动用户的诚意。

3.制定一个有诚意的产品价格

有句网络流行语，叫作"别谈钱，谈钱伤感情"。为何一"谈钱"就会"伤感情"？因为很多人在金钱问题上往往不讲信誉、没诚意。当小米用有诚意的态度做出了有诚意的产品之后，如果产品的价格没有对用户给出足够的诚意，恐怕想要让用户为产品埋单也不是件易事。

归根到底，用户之所以买产品，出于两个原因，一方面是产品质量上乘，另一方面是产品价格亲民。除了这两点，无论如何大肆宣传也是很难收获良好的销售效果的。因此，小米为用户制定了有诚意的价格，也是吸引用户消费的关键点。

| 群策群力，注重发挥群众的力量 |

进入2018年，小米自成立已经经历了九个年头。相信雷军在创办小米之前，也未曾想过小米时至今日能够取得如此大的成功。从起初做手机，到后来做各种相关产品，使得产品线变得越来越丰富，这使得人们不得不提出一个问题：小米是如何使自己的产品线变得如此庞大的呢？"群策群力"即是这个问题的最佳答案。

和用户交朋友

在互联网的飞速发展下，人们获取信息的方式较以前更加便捷、快速、简单，传统的信息不对称壁垒被打破，人们可以不受时间、空间的约束和限制，随时随地购买自己想要的产品。在互联网出现之前，消费者对于产品信息的获取方式还属于被动传输；然而互联网出现之后，消费者获取信息的方式更加便捷，而且转眼间已经占据了主导地位。

社交媒体作为一种新兴的小区社群，成为互联网时代最具代表性的产物，相比于广告宣传而言，企业更加愿意信任自己的朋友和用户评价，而且附带真实的图片以及相关的数据则更能增加评价的可信度。如果某一产品收到的评价不够好，人们就会将购买行为转投其他产品，当企业不能把握消费者购买产品的喜好方向时，也就意味着企业失去了对市场方向的掌握，这样消费者的选择权就越来越大。

当很多企业发现了这一规律时，就会想方设法将消费者转变为自己的朋友。这样站在朋友的角度上为消费者着想，给予他们有建设性的意见，而不是单纯地为了获取利益而向消费者推销产品。小米深切地感受到米粉对于自身发展的重要性，因此雷军常说，互联网经济的核心就是走"群众路线"，要相信群众、发动群众，从群众中来，到群众中去。具体来说，小米"走群众路线"的切入点就是和"米粉"交朋友。

小米科技自创立以来，一直都在强调"米粉"的概念，"坚持与小米做朋友"的原则一直都贯穿于小米品牌文化之中。雷军希望借助米粉的力量推动小米向更加美好的未来前行。

2014年6月10日开始，小米公司启动了为期一个月的"小米服务点赞月"活动，在此期间，凡是走进18个小米之家以及近500个小米授权服务网点的用户，都能享受到小米提供的多项优惠与优质服务，包括免费的除尘清洁、全方位检测、刷机以及软件升级服务，同时对于那些已经过了保修期的小米产品提供免费的手机维修服务，承诺1

小时快修。

　　此外，小米还邀请所有到店用户为网店的服务质量"点赞"，根据用户投票选出最受欢迎的明星售后网点。此外，对于每位参与活动的用户，小米还免费赠送精美礼品，包括世界杯纪念版米兔、小米商城抵扣卷、小米随身WiFi、移动电源、鼠标垫等。

　　举办此次活动，小米投入的各项费用共计达到了千万元，给予优惠的用户数量达到了50万人。举办如此投入巨大、涵盖范围广泛的活动，雷军的目的就是为了用非标准服务、全面精细化服务、贴心让利优惠服务跟用户交朋友。

　　雷军认为，为用户提供这些服务的同时还与用户进行了情感交流与互动，这才是与用户能够快速成为朋友的最佳方式。

　　小米总是能够出新招、放大招，与用户交朋友，可以更加牢固地锁住用户的心，从而发挥这些"朋友"的力量，将其转化为小米的忠实粉丝，进而实现销售转化率的提升。因此，小米这种发挥群众的力量为己所用的模式，是当前众多企业需要借鉴和学习的。

注重用户参与感的提升

　　以往，很多企业认为自己与消费者或用户之间是一种利益关系，如果想让这些企业与消费者之间亲密无间，那是非常难的。这样的企业我行我素、闭门造车，它们的产品与消费者需求相差甚远，不能为消费者所接受，自然企业扎根市场也难。

然而，小米则与传统企业大不相同，更加注重消费者的意见和建议，有则改之，无则加勉，用户看到企业采纳了自己的意见并加以改进，就会有一种被重视的感觉，自然会成为企业的忠实用户。

小米在发展壮大的过程中对"米粉"给予了足够的重视，发动了数百万"粉丝"与小米团队一起做手机，一起玩。不管是线上还是线下，无论什么时候，都极力希望用户能够参与进来。有很多朋友私下问小米联合创始人黎万强小米是用什么方法让其口碑在社会化媒体上快速引爆的？黎万强说："必须做到三点：第一是参与感；第二是参与感；第三是参与感。"换句话说，口碑的本质是让用户有参与感。

的确，小米自成立以来，参与感在其整个发展过程中所起到的推动作用都是不可估量的，这种参与感已经不仅仅局限于产品和营销，而是全公司的经营。小米在为每个用户和员工参与到整个企业运营的过程中，做过很多尝试：

1.让用户参与到创意产品的设计中来

小米的粉丝已经成为小米的产品经理，有"粉丝"参与，才能保证小米能够有更多符合消费者需求的创新产品。具体来讲，就是小米公司会根据"米粉"的意见对产品进行改进，然后根据用户对新功能体验进行投票的结果确定做得好的项目。如此一来，用户体验和反馈的价值就被最大程度地表现出来了，小米也因此生产出了最符合粉丝需求的产品。

另外，小米的用户群体以及"米粉"都是一群年轻、时尚、充满活力的人群，因此，对于小米产品来说也势必要求其外观设计时尚前卫，使用功能更加适合年轻人的使用习惯和爱好。与此同时，年轻人对于新事物的接受能力非常强，并且创新能力也非常强，对小米产品改进也有非常好的作用。

2.让用户参与到产品的营销传播中来

当产品诞生后，参与整个生产周期的"米粉"们自然而然地又成了产品的营销人员，他们不仅自己使用产品，还借助各种社交媒体软件将自己的使用心得分享给小米设计者和其他人，从而最大限度地发挥了转介绍的作用，在很大程度上提升了小米产品的销量。

可见，参与感不仅是为小米产品在迭代中提供了参考方向，还为小米营销带来了巨大的助力。

总而言之，如今的年轻人绝大多数已经不像以前那样崇拜或者追逐自己喜欢的事物，因为他们变得越来越有自主性，有能够改变世界和创造世界的雄心。针对这一点，小米将用户的参与感定义为营销的灵魂。只有通过用户的参与，大家一起玩儿起来，才能让企业和用户建立良好、融洽的关系链，使用户成为自己真正的朋友，激发用户提供更加具有创新性的建议，从而帮助小米研发出更加新奇的产品，提升小米产品的传播速度和曝光率，使小米在市场竞争中快人一步，抢占先机。

| 线上线下相结合为自己的品牌发声 |

当前是一个自媒体爆炸的时代，在这个时代，自媒体平台层出不穷，从博客到QQ，再到微信、朋友圈、视频网站、直播平台，使得信息的制造成本低廉，每个企业都可以借助自媒体为自己的品牌发声。然而，线下运营渠道的重要性也不能忽视。企业只有线上线下相结合，才能让自己的品牌传播达到更好的效果。

直播：让新品发布会身临其境

在当前这个直播盛行的时代，直播的火爆程度非同一般，直播成为当前企业网络运营中最主要的运营模式。

小米作为一家互联网企业，自然不会错过这个良好的网络运营模式。

2016年7月27日，小米举办了一场别开生面的新品发布会直播。当天下午，小米红米Pro、小米笔记本Air作为小米新品进行了一场发布会直播，引来了大批观众。同年11月4日，小米联合创始人、总裁林斌在发布会直播现场讲解红米4的N大升级。小米一向喜欢"不走寻常路"，所以此次直播小米选择的直播平台体现出多样化特点，不再像以前一样仅仅局限于小米官网平台，而是选择不同领域且具有超高人气的其他直播平台同步直播，如哔哩哔哩、熊猫TV、斗鱼TV等。这些平台都是年轻人的聚集地。在直播前，各大媒体就对此次直播进行预热，制造了大量悬念。在直播正式开始时，就获得了广泛的关注。

2018年5月31日，小米在深圳举行了小米8年度旗舰发布会直播活动。在发布会直播活动中，小米推出了包括小米8、小米8 SE、MIUI 10、小米手环3、小米VR在内的诸多新品。

小米借助直播开发布会，直接给自己的产品抢夺了巨大的人气、霸占了巨大的流量，从小米新品发布会直播的运营情况来看，小米此次直播获得了预期的效果。在小米借助直播平台为自己的新品发声的过程中，主要运用了以下几方面的策略：

1.直播平台多样化

对于直播平台多元化、多样化，表面上似乎是对受众进行了分散，但实际上多平台同步直播，对于增强产品曝光量可以起到举足轻重的作用。在不同的平台上往往聚集着不同风格和调性的受众，这些受众会在其所在的直播平台上对品牌产品进行交流和互动讨论，这样更有利于提升品牌产品的曝光率。

> 这里以2016年7月27日举办的小米红米Pro、小米笔记本Air作为小米新品的发布会直播为例。在此次发布会直播过程中，bilibili、熊猫TV、斗鱼等直播平台进行直播，这样，多个平台都能看到小米红米Pro、小米笔记本Air新品的身影，让更多的受众对小米新品的结构、性能、优势等有了清晰的了解，同时也可以在更多的受众面前展现小米科技品牌的实力和形象，这样使得小米科技更加亲民。

2.发布会精彩看点连续不断

在发布会直播现场，如果只有主播对新品进行功能介绍、性能讲解等，势必会给受众带来枯燥和单调感。在恰当的时候引入看点和亮点，才能让发布会直播更具吸引力。同时，这些吸睛的看点往往更具有带入性，给受众呈现出更加精彩的直播内容，自然会引得受众尖叫不断。

> 这里我们还以2016年7月27日举办的小米红米Pro、小米笔记本Air作为小米新品发布会直播为例。在此次直播过程中，增加了不少能够激发受众兴趣的看点和亮点：
> 首先，在当天的直播发布会上，小米邀请明星吴秀波、刘诗诗、刘浩然三位代言人前来直播间做客，这三位明星作为小米新晋的品牌代言人，各具特色。吴秀波是公认的"国民大叔"，往往给人留下一种稳重成熟的印象，这正与小米将红米手机的宣传口号改为"国民手机"相吻合。

其次，在直播中，雷军用小米手机给刘诗诗拍照，并且同步在直播平台上放映，让用户获得刘诗诗的"私藏照"，引得刘诗诗的广大"粉丝"连连尖叫，与此同时也进一步展现了小米手机的优质拍照功能。这是小米发布会的一大看点。

如今，雷军作为小米的超级推销员，已经成为自媒体界的"超级网红"，使得直播平台成为一个很好的运营平台，不但提升了小米的知名度，也为小米赢得了众多"米粉"，起到了很好的产品宣传作用。

微博：强互动才有强关系

微博是人人熟知的自媒体平台，微博具有很强的转发功能，能够在最短的时间内让信息以最快的速度向外扩散。小米正是注意到这一点，利用微博的强转发能力为自己的品牌发声。

隶属于小米公司的微博账号有很多，但根据不同的种类可以分为三大类：企业官方微博@小米公司；产品微博@小米手机、@小米盒子、@小米电视等；公司成员微博@雷军、@黎万强、@林斌_bin等。这些微博除了发布一些产品信息与活动信息，还经常发布一些行业信息与科普信息。小米公司在做一些微博活动时，这些微博同时并肩作战，相互配合转发，做到了"粉丝"全覆盖，影响力十分巨大，每次活动的转发量累积能达到几千到几十万，甚至几百万次。

> 例如：
>
> 小米借助公司官方微博发布产品信息，包括新品预订、相关主题微博、发布相应有奖转发活动、转发其旗下微博账号微博等。
>
> 小米借助公司产品微博发布新品预订、新品售卖、有奖活动、转发微博、互动性微博以及手机常识性微博。

虽然小米公司并不是借助微博为自己品牌发声的鼻祖，但在运营过程中也不断开拓创新，形成了属于自己的微博运营策略，主要体现在以下几方面：

1.有奖转发

在微博上有这样一句流行语：当你的"粉丝"超过100，你就是本内刊；超过1000，你就是布告栏；超过10000，你就是一本杂志；超过10万，你就是一份都市报；超过100万，你就成为全国性报纸；超过1000万，你就是电视台。

显然，拥有的"粉丝"数量越多，则实力就越雄厚，能够起到品牌传播的效率也就越高。对于小米来讲，显然微博可以成为其发声的一项重要利器。

> 2012年12月19日，小米联合新浪微博发布了一条有关"新浪微博社会化网购首单"的微博，其内容如下：
>
> "12月21日中午12点，5万台小米手机2微博专场销售。全球首款28nm四核手机，2G大内存，新一代背照式相机，1999元性价比之王。现在起至20日，关注小米手机转发好友，每天10点—20点每2小时送出2台米2。"

该微博一经发出，经过两天时间，即到了12月21日，@小米手机的粉丝数量从之前的76万，迅速上升为152万，平均每天粉丝增长量达到了将近40万。然而截至2013年1月16日，"粉丝"转发量达到了260次，将近150万用户参与了此次转发活动，覆盖了将近5亿人，微博中网站链接被点击了30多万次。显然，小米微博的庞大转发量并不是神话，而是一场巨大的运营盛宴。

显然，这则微博能够在短时间内获得如此大的转发量，是由于小米2推出的有奖转发活动刺激了广大用户转发的动力，最终达到了小米手机扩大知名度的效果。

2.与"粉丝"展开互动

企业开通微博最初的目的就是为了能够在微博上达到信息的快速传播。然而，随着认知水平的不断提升，以及运营策略的不断精进，微博还可以作为企业与"粉丝"进行互动的最佳平台。"粉丝"可以通过微博的回复、转发、点赞等功能表明对企业微博内容所持有的态度是支持还是反对，而企业可以对"粉丝"的评价进行回复，这样能起到两方面的作用：

1）通过对用户微博评论内容进行转发。

2）通过自己发布微博来对"粉丝"评论内容进行反馈。

这两种方法都可以达到与"粉丝"互动的效果，从而稳定用户忠诚度，有效维护企业的形象。

3.公司管理层积极参与

很多企业往往只开设企业微博与产品微博，但小米却能与众不同地开办高层微博。小米的管理层，如雷军、黎万强等已经成为广大"粉丝"心目中的偶像级人物，开设管理层微博，可以为粉丝与管理层的直接沟通打造一个重要渠道。雷军、黎万强等管理层领导人经常与"粉丝"们展开互动，满足粉丝们的需求，对小米品牌的推广也起到了积极的作用。

虽然说小米的成功不完全来自于微博，但不得不承认，微博对于小米品牌宣传的重要性巨大。强互动才有强关系，小米的这种微博运营方式，将小米与"粉丝"通过互动的方式结合起来，并形成强效的黏性，极具灵活性、创新性，这也是小米能够成功的原因之一。

微信：吸引百万"粉丝"的秘笈

如今，手机成为每个人的标配，而微信作为集文字、语音、视频于一体的社交工具，截至2018年3月5日，已经在全球拥有超过10亿的庞大用户基础，微信正深刻地改变着我们的生活。基于这个庞大的用户基础，以及强互动功能，微信营销模式成为各领域企业竞争的新宠，并成为在各企业吸引百万"粉丝"、群雄逐鹿的秘笈。

2013年2月，小米看到微信平台上蕴含着巨大的商机，于是在短暂的思考之后便决定做微信运营，也是在这个时候才开始组建微信运营团队。

当时，小米微信公众号下面共设置了三个导航标签，分别为最新活动、自助服务、产品。粉丝点击任意一个标签，就会自动弹出"回复""自助服务"，"粉丝"可以查订单、查小米之家的位置；如果点击"产品"标签，"粉丝"就会获得与小米产品有关问题的答案。

仅三个月的时间，即2013年5月的时候，小米获得的"粉丝"数量即将达到60万，此时，小米开始尝试在微信上发F码。仅一天的时间，45万张F码就发放完毕，"粉丝"数量在一天的时间内就增长了25万。在领取F码之后的一小时内，小米的销量就进行快速冲刺，销售额达到了5500万元。

小米的"粉丝"增速飞快，当"粉丝"量一路飙升到80万的时候，后台消息量越来越大，导致"粉丝"不能快速获得回复，所以小米通过微信公众号的API接口，开发了一个专门的客服后台，这样这种回复滞后的问题才得到了很好的解决。

2013年7月，红米在QQ空间成功发布，因此，小米将目光转向了微信，用微信做新品发布。当年年底恰逢微信推出了线上支付功能，这就为小米在微信上做新品发布提供了一个很好的奇迹，因此，小米和腾讯合作留在微信上做了一个小米手机3的销售专长。结果，在短短的9分55秒的时间里，15万台小米手机快速售罄，"粉丝"也在此次活动中增长了180万，自此小米的累积"粉丝"数量达到了440万，此时的小米微信账号已经属于超级大号。

然而不到一年的时间小米手机微信公众号的"粉丝"数量就一路猛增，达到了500多万，成为最大的企业公众号之一。

小米通过微信运营吸引了庞大的"粉丝"规模，同时也提升了粉丝们对小米品牌的忠诚度，有40%—50%的"粉丝"经常积极参与小米微信每月一次的大型活动，微信的运用，使得小米的"粉丝"量稳步提升，进而提升了小米产品的销量。

从小米借助微信运营斩获大批粉丝的情况来看，小米在这个过程中是有一定运营策略的，主要体现在：

1.通过微博、第三方合作以及小米官方渠道引进微信"粉丝"

小米能够获得庞大的"粉丝"规模，其实有很大一部分"粉丝"来源于新浪、腾讯微博。其余的来自第三方合作，如腾讯、微信的用户。最后还有一部分来自于小米官方渠道和高级管理层自带的粉丝。

> 小米由雷军、林斌、黎万强、黄江吉、洪峰、刘德、周光平组成的"非常6+1"豪华团队本身头戴光环、自带粉丝，因此每位创始人所带来的微信粉丝都为小米粉丝规模的壮大打下了坚实的基础。

2.通过开展相关活动打响品牌知名度吸引粉丝

开展活动是拉粉的一个行之有效的方法，激活老用户，拉近新用户。但小米具备不可复制的因素，就是强大的米粉效应，也有可以复制的方法论，称之为"三段击"方法：

1）预热：提前两天在微博、微信上预热。

2）在活动当天强力推荐，发动一切可以调动的渠道力量，吸引"米粉"。

3）在活动结束后，给小米带来的"粉丝"数量是十分惊人的。

> 举一个简单的例子。比如在米粉节的抢答活动上，活动开始前就已经拥有了51万"粉丝"，在活动结束后"粉丝"量达到了65万，新增粉丝数量为14万，因此，相关活动可以给小米带来大量的"粉丝"资源。

3.奖品激励推进微信推广

微信最有特点的功能就是能够通过朋友间的不断转发，实现内容的快速传播，从而达到全民关注的目的。小米借助奖品激励的方式，激发现有微信"粉丝"将品牌信息推送给其他微信群或者微信好友（包括微信活跃分子、KOL等），让他们帮助其推送产品宣传内容和产品链接，从而起到很好的引流作用。其实在微信群或者微信好友在向别人进行推送的时候，就形成了二次传播，如此这样三次、四次……循环下去，就能让品牌扩散倍增。

总而言之，小米在微信运营模式下，因微信的高互动性而成为品牌口碑传播的最佳场地，用户对其关注度和转发率越高，能为小米所提供的快跑和飞翔的机会就越多。

"米粉节"：强效吸引高质量"米粉"

当前是"粉丝"经济时代，企业获得的"粉丝"越多，其能在市场中立足的几率也就越大。小米一直以来都是一个注重"粉丝"运营的企业，正如雷军所说的："小米的哲学就是米粉的哲学。"也许这就是小米能够一步步走向成功的魄力所在。

要知道，小米成立至今，已经经历了八年的成长，然而在这八年里销售金额累积超过了18亿。这一巨大的销售额是与米粉的支持和陪伴离不开的。因此，小米公司每年都会在成立之日，即4月6日这一天举办一次米粉节活动，以此来感谢那些支持和陪伴小米的"米粉"，在这一天发布新活动和一些礼物。喜欢小米产品的用户都对"米粉节"这一天非常关注，因为在这一天福利很多，不仅包括家电，还有洗护出行服饰等一系列产品。

2012年4月6日，小米在北京798的D-park举办了第一届"米粉节"。在米粉节上，雷军公布了极大回馈活动：第六轮十万台公开购买；所有配件全场六折，让利3000万；和电信推出电信合约机，带来极优惠的套餐。在粉丝的狂热支持下，小米当天创造了"6分多钟销售完10万台手机"的记录。

2014年4月8日"米粉节"的时候，24小时内仅小米手机销售量就突破了130万台，当天累计订单量超过了200万单。2014年仅3月份，小米手机的销量就达到了58万台，全年手机销量达到了6112万台，在2014年国内手机销量排行榜中占据龙头位置，而三星则以5840万台的销售成绩屈居第二。

在2015年4月8日"米粉节"的时候，产品销量大得让人感到震惊。截止当天22点，手机销量达到了204万台，订单总数达到了290万单，总支付金额突破20亿元人民币。小米的总销量在这个购物狂欢节上打破了世界记录。

2018年4月3日—4月10日，小米举办第七届"米粉节"。小米联合电商，开展了大量的促销活动，把科技与家居紧密结合在一次，又融入了商业化元素。在此次活动中，不断有新产品亮相，给米粉们带来连连不断的惊喜，而且产品打折的幅度也非常诱人，联合家电最高降幅达到了6000元。而且在电子产品中，不只有手机，还有无限吸尘器、足球机器人、炒锅家具等系列。在这一天，小米能够吸引"米粉"的都是超高性价比的产品、价格优惠到"亲民"。

小米在每年的"米粉节"上创下的销售记录不一而足。但在"米粉节"巨大的优惠背后，隐藏的是"粉丝"力量和小米品牌势能的一种释放，而非仅仅像表面看上去的做"销售"那么简单。小米开展"米粉节"的目的，重点在于以下几点：

1.为米粉营造一种高大上的仪式感

对于小米来讲，能够每年持续举办"米粉节"，其最重要的一个原因就是："米粉节"能够定期维系品牌与"粉丝"群体之间的关系，虽然平日里也有定期的促销和抢购活动，但这些活动方式还是较"普遍"的粉丝运营手段，因此必须拿出一个让"粉丝"感觉更具仪式感的概念来营造出一种更加高大上，甚至是共襄盛举的感觉，而"米粉节"就是为之应运而生的产物。

2.进一步拉近米粉与小米之间的距离

小米一向都非常注重用户的参与感，将用户参与感放在一个十分重要的位置。在小米论坛上，用户每周都会更新很多反馈的以及更具建设性的帖子，而小米的工程师也经常在论坛上发起投票收集用户反馈意见。小米在各种媒介上也都零距离贴近用户，"米粉节"就是一个能够零距离贴近用户的最佳方式。

> 以2015年"米粉节"为例。小米公司联合创始人兼总裁林斌上午来到了客服部，亲自担任客服工作，接通"米粉"来电。当天下午，林斌又赶到了小米在北京大兴的仓库，亲自体验了整个配送流程，还为10位幸运"米粉"的发货单签字免单。林斌这样做的目的就是为了能够让"米粉"感受到小米的高层就在自己身边为自己服务，从而让"米粉"与小米之间的距离更近。

当有记者采访雷军，问及为何要举办"米粉节"的时候，雷军这样回答：传统厂商每卖出一台手机，基本算是生意的结束，而小米每卖出一台手机，只是一个生意的开始——先用手机把用户吸引过来好好伺候成"米粉"，再通过其他途径赚钱，毕竟，"米粉"的钱比用户的钱好赚。一切以"米粉"为中心，其他一切纷至沓来。

显然，传统的一锤子买卖已经不再适应当前互联网时代的发展，而对于小米这样的互联网企业来讲，经营好"米粉"是影响整个企业生存和发展的关键——小米打造"米粉节"的真实目的就在于此。

小米之家：集售后服务与高品质体验于一身

每天统一提供富有青春气息的小米T恤或者外衣，使得员工自然而然地就会在为用户服务的时候展现出自己积极明媚的笑容。员工有非常漂亮舒适的办公点，有漂亮的试衣间，有非常上档次的咖啡壶，有精致的摆件，有青翠欲滴的绿植，所有这些构建成了小米非常好的工作环境，使得每位员工把小米之家当成了自己的家来收拾得十分干净、整洁，并且让每位员工从内心就能够感觉到自己工作所需要的那份品质，使得员工更加全身心地投入自己的工作中去。这就是小米公司打造的小米之家。

最早一批小米之家建成于2011年，并在当年11月底前完成开放，小米遍布全国各个区域，包括北京、上海、广州、深圳、南京、成都、武汉、珠海、郑州、长沙、无锡、东莞、济南、大连，并在这些地方同时开业。小米早期打造小米之家的目的是作为一个线下产品展示的地方，让消费者、"粉丝"等能够更加近距离感受到实实在在的产品。

然而，随着新零售时代的来临，原本火热的线上市场逐渐趋于饱和的特点更加凸显，线下则成为企业目光投向的焦点，各企业纷纷与新零售接轨，纷纷在线下圈地开店。小米作为一个互联网公司，同样与时俱进，高举新零售的大旗，改变了以往的运营模式，将线上、线下两手抓作为运营的主要基准点，把小米之家的功能进行改造，打造成了能够给客户带来差异化体验的新零售门店。

小米为了迎合新零售时代的发展趋势，以最快的速度完成了小米之家的改造。2016年3月，小米之家西门子国际中心店在杭州落成，这是首家小米之家，同时也是浙江省首家线下直营实体零售店。在店内除了手机新品以外，还有小米平板、小米电视以及小米生态链上的其他产品，几乎线上的所有产品在这家小米之家的店内都能找到，而手机、电视、生态链产品等硬件以及MIUI、云服务等互联网因素贯穿其中。经过改造后的小米之家对于"米粉"和客户来讲，被一种新鲜感而吸引，进而产生强烈的进店体验产品的欲望，因此吸引了不少人进店体验、交流、购买产品，使得小米之家成了广大"米粉"的聚集地、大本营。

如今，截至2018年3月31日，小米在中国已经拥有331家小米之家零售店，小米在国外市场中做得也是风生水起。

2017年6月，小米在印度的首家小米之家开门营业，并计划在2019年年中将印度的小米之家开到100家。

2017年11月7日，小米公司宣布正式进入西班牙。西班牙第一家小米之家的开业，标志着小米首次进入西欧市场。

2018年5月22日，小米之家在法国巴黎、意大利首次落成。这标志着小米进军欧洲之路又将迈进一步。

小米如此大规模地布局小米之家，并向国外进行蔓延，其目的是什么呢？

1.品牌形象的需要

一直以来，小米由于坚持高性价比惠及民众的理念，使得很多人认为小米与同类市场中的高端品牌是无法比拟，小米要想进一步发展并在市场中占据大的市场份额，就必须为自己树立良好的品牌形象。而小米之家通过给用户提供良好的亲身体验场所，正好是其树立良好形象的最佳渠道，可以让消费者通过体验来摆脱固有的"平价就等于劣质"的印象。

2.粉丝运营的需要

随着小米生态链的不断壮大，小米新品的上线率以及数量有了大幅提升。这样，很多米粉对于新产品了解的渴望，仅通过线上摸不着、看不到实物的方式是难以实现的。此外，在互联网时代，一个企业高高在上，不能走近"粉丝"，是很难与"粉丝"建立起牢固关系的，而小米之家不但是一个线下零售店，还可以将众多"米粉"聚集在一起，大家组成一个社群，在体验新品的同时，还能与小米研发人员一起讨论产品，这样不但能拉近彼此之间的距离，还能及时发现新品中存在的弊端，帮助小米及时完善产品。

3.渠道下沉的需要

人在江湖，身不由己。对于一个企业来讲，亦是如此。企业在不断发展的过程中，整个市场环境都在发生变化，如科技的进步、国家政策的规范等，使得很多企业不得不想方设法寻找适应这个大的市场环境的变化，以求能够实现可持续发展。小米创建之初就是在互联网基础上顺势而为的，如今，随着零售模式的改变，新零售成为当下的主流和趋势。小米也顺应这一趋势，实现渠道的下沉，从原来的线上销售渠道转为线上线下相结合，通过渠道的拓展实现销量的提升。

4.售后服务的需要

正如前面讲到的，雷军说"小米每卖出一台手机，只是一个生意的开始"，所以，小米把售后服务也看得很重。小米的销量动辄就数千万，在加上生态链上的产品种类越来越丰富，消费者使用小米产品的数量就越来越多，当消费者遇到产品问题时，就需要专业人员进行指导和维修。而对于电商而言，最大的问题就在于售后服务的欠缺，小米打造小米之家也是当前售后服务需求下诞生的产物。小米之家针对这个售后服务问题，为用户提供1小时快修服务，深受用户和"米粉"的好评。

显然，小米之家的创建，是小米公司在经过深思熟虑之后才推出的，也为小米公司带来了数量惊人的"粉丝"和销量。那么小米之家作为一家体验店，小米公司又是赋予了其什么样的体验呢？

1.产品体验

对于"米粉"而言，能够对最新上市的产品进行把玩式尝鲜，并将这份惊喜分享给身边的朋友，这是一件非常酷的事情。一个成功的体验店，就是两个人一起去体验，其中一个人夸夸而谈，向另一个人兴奋地介绍着产品的亮点，而工作人员只需要稍微做一些补充。一个失败的体验店，就是两个人一起去体验，店员向两个呆若木鸡的人大谈特谈产品，但后来两人听了之后就默默离开了。而小米之家作为一家产品体验店，显然是前者，是一家成功的体验店。

2.设计体验

作为一家体验店，店内格局很重要，格局不对，是很难让人有亲近感的，更不愿意进入店内体验产品。小米之家的整体设计风格与苹果极为相近，不同的是，与苹果相比，小米无论在用色上还是在布局上，都体现出平易近人的理念。

另外，小米在产品设计方面，以简洁、干净、易用作为标准，让用户进入店内可以一站式购买自己喜欢的家居。如果你想让自己的新房变得更加智能化，可以到小米之家获得一整套完整的智能家居设计方案，让自己的生活因科技而美好，因智能而简单。

3.文化体验

来到小米之家，那些励志创业的人士可以从小米的商业模式和创业思维中汲取到更多养分，让创业者有更加明确的创业方向。未来小米之家将会成为一种生活方式和生活态度，经常聚集在小米之家的粉丝群将会在性格和气质上有诸多的相似之处。同时，在小米之家的"米粉"也一定是一群活力四射、具备创新意识和富有理想的年轻人，小米对于这些赋有朝气的年轻人而言，更代表了一种创业精神。

实际上，无论是线上还是线下，对于一个企业来讲，重要的就是能够大幅"获客"。一个没有流量的企业，根本无从谈起发展和壮大，更何谈成功，在这方面，小米坚持走线上电商+线下小米之家双渠道，为自身引流蓄客，堪称楷模。

06

方法论五：
营销——参与感，颠覆传统营销

　　每一个成功的企业，背后必定有一个成功的营销模式在推动其不断前行。小米的营销模式与传统的营销模式有极大的不同，然而这个不同点就在于用互联网思维改造传统营销方式。小米这种参与感创新营销方式是对传统模式的颠覆，同时也彰显了小米走互联网创业之路的超强营销能力。

| 思维先行，"互联网+"思维"四两拨千斤" |

生于长于互联网时代的企业，自然任何一个阶段都离不开互联网，企业开展营销活动自然更是如此。当前市场需求瞬息万变，企业如果不能牢牢掌握市场实时动态，必将难以为继。开展任何活动必将思维先行，企业如果能牢牢抓住互联网思维开展营销活动，必将获得"四两拨千斤"的营销效果。

流量思维

流量已经不再是什么新鲜事了，从古到今做生意的人都希望客流多，都愿意把自己的店铺开在热闹的街市上；如今，进入互联网时代，为了更具时代感，人们将所有在网络上访问网站、在实体店门前走过，知道并关注你生意的人都称为"流量"。

以前，打广告时会说"广告费太高"，如今叫作"流量成本太高"；以前说"怎样扩大目标客户"，如今说"如何提升流量"……可以说，"流量"从古到今都是一切生意的本质。换句话说，销售的公式是：销售=流量×转化率，当企业所获得的流量越来越多，那么销量就会达到质的飞跃，所以说，谁拥有足够的流量，谁就可以撬动整个行业。

对于企业来讲，无论是传统企业还是互联网企业，流量都是其第一竞争力，甚至是生死线。如果一个企业不擅长获取流量，那么这个企业必然不能将流量转化为巨大的销量和收益，这样的企业在市场竞争中必死无疑。

小米自诞生以来，通过在互联网基础上开展营销活动，经过八年的时间，已经从一个不被人看好的初创公司一步步发展到今天，能够在全世界打出品牌知名度，并有能力在香港申请上市。小米在借助互联网思维开展营销活动的过程中，流量思维是应用最多的一个模式。

那么小米公司应用流量思维开展营销活动，具体体现在哪些方面呢？

1.打造爆款手机及配件，产生巨大流量

在互联网时代，信息都是透明的，谁好谁坏，谁是市场中的第一品牌一目了然，这就造成了流量向优胜品牌倾斜甚至垄断的局面出现。而第一品牌能够获得的销量往往是后面所有品牌的综合，这就是"赢者通吃"的法则。如果产品不能成为行业中的爆款，那么企业是很难活下去的，所以，在互联网时代的生存法则就是借助爆点思维，集中所有资源打造爆款，抢占第一位置，只有这样才有活下去的机会。

而小米不但打造爆款手机，还通过打造爆款手机配件的方式产生巨大

的流量，从而达到借助手机周边产品赚钱的目的。

小米官网上销售的手机衍生产品种类繁多，除了小米手机以外的其他产品，包括手机配件（耳机、音箱、电源、移动电源、储存卡、读卡器、路由器）、小米机器人、小米飞机、小米遥控汽车、小米电吉他、小米游戏手柄、小米微型投影仪、小米单反相机等电子玩具。然而小米的创意玩具都是通过小米手机上的程序来控制的。此外，小米还根据小米非实体创意周边来设计符合用户需求的后盖以及周边饰品，成为个性化的手机装饰。目前，小米的周边商品研发已经逐渐步入正轨，而且研发范围越来越广泛，并使得小米的周边商品自成一派，并且以惊人的速度逐渐向市场渗透，而且这些周边产品的利润率能够达到100%以上。

2.拓展产品线，提升流量

当一个企业已经有了自己的明星产品之后，要想进一步提升流量，在原有的基础上对产品线进行拓展也是一个极好的机会，因为，企业原有产品本身已经获得了"明星光环"，在其基础上拓展产品线，可以使产品线上的新品带有"明星光环基因"，能够起到大幅吸引流量的目的。

小米后期就是通过不断拓展产品线的方式来进一步提升流量的。

小米除了生产手机，还不断拓展产品线，如路由器、WiFi、音响、电视盒子、电视、平板电脑、智能音箱、空气净化器、平衡车等诸多电子产品，这些都是性价比很高的产品。通过手机打造性价比标签，配上极为吸睛的图文介绍，就能使得这些产品更具关注度和转化率。

3.打造最符合用户的产品来增加流量

只有符合用户的产品，才能成为消费者购买的动机和原因，也是能够持续增加流量的关键。小米一直以来都是以"打造最符合用户的产品"为宗旨的，为消费者带来了更加满意的产品体验。也正是因为这一点，使得小米自成立至今，流量规模不断提升。

> MIUI系统是小米模式的关键，也是最适合中国人使用方式的手机系统。小米产品，包括手机以及其他产品（小米电视、平板、盒子），甚至MIUI拨号与短信、MIUI安全中心、小米消息推送服务、应用双开与系统分身、MIUI天气、小米云服务等，都离不开MIUI系统。然而，这些产品应用MIUI系统的思路是一样的，都是通过高配低价提升硬件销量，获取流量，通过内置各种软件来挣钱。这就是小米公司极力推广MIUI系统的价值所在。

总而言之，小米在广泛吸引客流量方面有自成一套的营销模式，这也是帮助小米提升销量，获得盈利的关键。

免费思维

在如今的互联网时代，免费已经成为一种营销策略，甚至成为一种商业模式，已经被越来越多的具有洞察力的企业所使用，并且为其创造了相当可观的利润和价值，助推互联网企业实现赢利的目的。

像免费投放广告，在客流量大的地方租下店面，从而让消费者知道你的存在；免费为客户提供产品体验，让客户在体验的愉悦感中记住你；免费为客户赠送小礼品或者产品，让客户在不知不觉中对你产生好感……这些都是互联网时代免费模式的应用。实际上，免费模式在互联网时代出现的主要目的就是实现用户聚集。因为互联网的核心观念就是"用户体验至上"，想方设法地创造让用户体验的机会，让他们在体验的过程中感受产品的价值，这是一种把商业价值建立在用户价值基础上的有效手段。不论是免费产品、免费服务还是免费体验，其目的归结到一起，其实就是为了很好地聚焦用户目光，进而实现赢利，因此，这种免费模式也是聚焦用户的有效途径。

小米就是一个善于运用免费思维模式开展营销活动的企业。互联网本身的特点就是免费，因此，小米借助互联网免费的特点形成的免费商业模式能够使大规模的受众获得免费体验成为可能。

那么小米公司是如何借助免费思维开展营销模式的呢？

"硬件免费，服务收费"模式

很多人都在质疑小米的盈利模式："小米手机不靠硬件赚钱，那么究竟是怎么实现盈利的呢？"其实小米一路走来，凭借的免费思维模式是"硬件免费，服务收费"模式。

雷军在小米发展的初级阶段总结出一个结论：在互联网时代，唯一不被打败的生意，就是胆敢做不赚钱的生意。于是，在小米创建开始，雷军是根本不指望小米公司能在三五年内就能实现盈利的。

雷军的这种想法与他用互联网方式做手机的思想是紧密相关的，自从与互联网接触以来，雷军都在不停地思考一个问题：如何带着小米在互联网领域中杀出一条血路？渐渐地，雷军发现，大凡在互联网上发展获得成功的企业，几乎无一例外在企业初创时期是不赚钱的，因为它们大部分所提供的服务都是免费的。

雷军认为，当前手机成了每个人的标配，成为人们生活、工作不可或缺的随身携带的电子设备，未来所有的信息服务和电子商务服务都要通过这个设备传递到用户手中，因此，谁能够成为这一入口的统治者，谁将是新一代的王者。这也正是雷军打算"三五年不盈利"，而是通过终端销售内容和服务作为盈利的方向。

在经过深思熟虑之后，雷军决定了小米的营销策略：在不赚钱的模式上发展手机品牌，硬软件一体化，定位中档机市场，价格不高不低，而配置要向上拔、向高端机看齐，甚至做行业领先者。

得益于这种"免费模式"，小米公司将小米手机的初始价定为1999元，基本上接近成本，而内置的MIUI系统也是免费的。这种颠覆性营销模式很快就见到了成效。

> 在小米手机米1刚卖一星期之后，就在中国市场中所有国产手机里排行第一位，而它的百度指数达到了36万，热度一度达到了当时iPhone4S热度的三分之二。高性价比使得小米在半年内卖出了180万部手机，实现了微利。

后来，小米的免费思维模式得到了进一步延伸，小米和联通、电信合作，用户预付一定的话费就可以免费获得小米手机，从而使得小米打开了另一种全新的免费模式。

在小米手机销量不断提升、市场不断扩大之际，很多家维修企业都托关系找雷军合作，申请为小米做维修服务，但是雷军都一一婉言拒绝了，因为雷军认为售后服务才是最赚钱的服务。

传统企业销售产品，总是将产品卖给消费者之后就认为是整个销售过程的结束，而小米却反其道而行之，将产品销售作为整个销售过程中的第一步。当产品出现问题时，可以通过产品与用户建立的一个连接通道，通过为消费者提供维修服务来吸引用户，然后挖掘出新的收费盈利点，这就是小米的"硬件免费，服务收费"模式。

事实上，"免费模式"与互联网思维的品牌营销策略是相辅相成的。

一方面"免费模式"推动了小米口碑的形成，也增加了米粉的数量。另一方面，良好口碑和庞大的"米粉"团推动了小米"免费模式"的实施与延续。因此，这种互推互利的方式使得小米的"情感价值"为产品带来更大的增值，让小米直接绕过第三方销售渠道直接面对消费者，在很大程度上降低了门店成本等费用。由于小米的商业模式与传统的手机销售模式有所不同，因此，小米可以在硬件设备上不盈利或者赚取微量的利润，而通过服务来获得利润。

迭代思维

著名企业家、创新工场董事长兼CEO李开复说过："先向市场推出极简的原型产品，以最小的成本和有效的方式验证产品是否符合用户需求，然后再结合需求迅速添加组件。"李开复的这句话道出了互联网思维中的迭代思维的内涵，即如果产品不符合市场需求，企业最好能"快速而廉价地失败"。

的确，在互联网时代，信息高速流通，产品迭代速度随之而加快，因此，勇于试错和加快改进成为这个时代产品研发的两大主流思路，小米公司就是一个运用迭代思维营销模式的典型案例。

小米公司的七位创始人本身都是理工出身，他们都是软件开发和互联网移动应用方面的高手：雷军是中国最早的软件企业金山公司的联合创始人，也投资过几家移动互联网公司；林斌先后从职于美国自动化数据处理公司、微软公司、谷歌公司。他们都深知软件开发的弊端，对较为新颖的软件开发模式也很熟悉，更重要的是他们十分了解互联网时代与客户沟通的重要性。

这群软件开发和移动互联网领域摸爬滚打的"老兵"在创办小米之后就认定了小米一定要走适合自己的互联网软件开发路径，他们为小米定下了这样一条迭代模式：单点突破—试错—用户反馈负面口碑—再迭代—再试错—直到正面口碑—然后顺势而为，将单点做到极致。而小米的迭代思维也是在这一模式下进行的。具体在执行的过程中，小米迭代的思路包括以下几种方式：

1.聆听用户的声音

任何一款互联网产品的迭代，都离不开用户的反馈和数据，如果脱离了这一点，则迭代的产品将毫无意义，只有通过对用户的反馈和数据对产品的现状进行分析，才能找出产品功能进行迭代和创新的关键点，进而提升产品的市场竞争力。

在以上小米的迭代模式中，同样是将用户作为中心，根据用户提供部分软件的新功能需求，进行大量的软件测试，从而实现快速迭代的目的。

　　通过互联网，小米在与用户、粉丝交流的过程中能够搜集大量用户建议，每星期发布一个新的MIUI操作系统，从而不断地将用户提出的问题修改、完善，让用户能够真正地感受到小米的好，而不是事先做好了手机拿出来给用户使用，否则就违背了小米"充分听取用户的声音，快速试错，快速迭代"的初衷。

　　也正因为如此，小米软件中大约80%的问题都是用户找到的。更令人称道的是小米的执行力，他们能够快速推陈出新，在这个过程中，让软件一步步趋于完美。

2.用做软件的方式做硬件

　　如果说软件是一件产品的灵魂，那么硬件则是一件产品的躯体。小米做软件的时候注意倾听用户的声音，在做硬件的时候，同样如此。

　　在产品研发的过程中，小米设计了多种平台和工具，用多渠道的方式收集和分析用户的反馈信息，与此同时，还十分注重用户在网上的"吐槽"。正如负责小米盒子和小米路由器的副总裁黄江吉所说："如果我们的大数据分析到很多用户特别关心的功能A，但微博里我被骂的最多的是功能B，我会毫不犹豫地第一时间解决功能B需求，我更相信用户直接的反馈——'吐槽'。"

　　在硬件迭代的过程中，小米邀请米粉一起参与测试，而这个进行测试的工具就是"工程机"。小米在推出新版小米手机前，会向极少数的米粉推出beta版（测试版）手机即"工程机"，凡是拿到"工程机"的"米粉"必须按照小米的要求填写试用报告。小米论坛还专门开辟了一个收集"米粉"对"工程机"提出的建议的途径。将所有问题汇集后，工程师会在下一批量产前进行改进。拿到"工程机"的米粉既可以选择将其收藏，也可以选择换一台新的量产机。

通常，在硬件升级的时候，小米会分为大版本和小版本，并让一个大版本的周期保持在12个月以上。

> 以小米1为例，小米1共推出了四个小版本，根据先后顺序，分别是小米1（2011年8月16日发布）、小米1青春版（2012年5月15日发布）、增强版小米1S（2012年8月16日发布）、小米1S青春版（2012年10月23日发布）。

一个大版本通常有几个小版本，并且不同小版本之间的绝大多数元器件是可以互用的，这样才能实现生产规模化，降低成本的同时还能保持产品的新鲜度。

总而言之，小米借助迭代思维进行产品更新的时候，不但兼顾了核心设计的稳定性，还加快适应市场的变化和不同客户群体的需求，这种迭代思维模式为小米能够健康持续发展贡献了极大的力量。

| 营销策略：营销策略决定营销结果 |

任何企业做产品的目的都是为了最大限度地获得盈利，制定营销策略的目的更是显而易见的。然而，选择适当的营销策略，是企业实现销量猛增，盈利暴涨的关键，因此，营销策略决定营销结果。小米的营销策略有，饥饿营销、粉丝营销、差异化营销，虽然营销策略不同，但获得的营销结果却是相同的，即都是以大幅提升销量，最大限度获取盈利为目的。

饥饿营销：得不到的才是最好的

对于我们每个人来讲，只有在饿的时候才会觉得一个能让自己填饱肚子的食物，哪怕之前认为它再难吃此时也成了难得的美味，小米因此就用饥饿营销模式吊足了消费者的胃口。

那么具体什么是饥饿营销呢？饥饿营销实际上是商家为了调控产品的供需关系，有意识地降低产品的生产产量，制造一种产品在市场中供不应求的现象，从而让消费者产生一种购买产品的急切愿望，形成一种抢购的心理，对于企业来讲，饥饿营销能够有效提升品牌价值。

但企业在应用饥饿营销模式的过程中要注重把握好力度，否则，不但不能达到预期效果，反而会事与愿违，造成客户因失望而流失的后果。

小米能够恰到好处地应用饥饿营销模式，提高品牌价值的同时，更增加了"粉丝"黏度。

2011年9月5日，小米手机正式开放网络预订，两天时间内30万台预售完毕，小米官网随即关闭了预售通道。12月18日，小米手机第一次实行网络销售，仅仅在短短的5分钟内，30万台手机一售而空。由于小米手机在每次开放购买前都是采取网上预约的方式，在开放销售活动完毕以后好多消费者都表示非常遗憾——没能抢到自己心仪的手机，并产生了一种饥渴心理，暗自感叹："抢不到的小米才是好小米！"同时，也激起了更多消费者对小米的关注，更期望能够在下次抢购中成功抢到自己喜欢的手机。

2017年，小米6以2499元的售价发布，可以说是行业内售价最低的产品，但是开卖的前两个月，小米6始终没有现货，后来依然像以前一样出现了饥饿营销模式下的抢购现象。

总的来说，小米能够成功应用饥饿营销模式主要得益于以下几个方面：

1.小米的高性价比抓住了广大消费者的心理

任何产品都是为了满足消费者需求而生产的，否则生产的产品没有任何存在价值，小米手机凭借高性价比正好抓住了广大消费者的心理：

首先，小米手机本身面向的消费者就是那些具有求新心理，喜欢追逐时尚、新潮的年轻人，他们对极具创新性的产品表现出极大的兴趣。同时他们绝大多数属于年轻的工薪阶层，因此对于产品的价格比较在意，而小米打造的高性价比手机，则是迎合了这些年轻消费者的心理需求。

其次，年轻消费者本身就极具好奇心理，大多数年轻人对于新鲜事物都有一种好奇感，他们更喜欢尝鲜，以满足自己的好奇心。

最后，几乎每个年轻人都有攀比心理、争强好胜心理，他们往往认为别人有的自己没有，有失面子；而别人有的，自己都有，则能充分满足自己的虚荣心和攀比心。在以上这些心理的驱动下，消费者必然会产生消费行为，小米正是抓住了年轻消费者的心理需求，才使得饥饿营销模式得以成功实施。

2.小米高调实行促销策略

小米手机一直以来都采用高调的促销策略，如开办新品发布会，不但有效提升了品牌知名度，更重要的是为新品上市提前进行宣传造势，再加上相关的手机预订规则，当吊足了人们好奇心、占有欲的时候，再次提出只有之前关注的发烧友才有资格购买的条件开展饥饿营销。这样的营销方式对于广大消费者来讲虽然价格不贵，但却买不到，实现了用户精准营销的同时，更勾起了那些买不到的人蠢蠢欲动的心理。

通过小米实施饥饿营销的几个策略不难看出小米对自身产品的市场信

息了解得很透彻，掌握消费者心理方面的工作也做得很透彻，也因此而在广大消费者当中引起了轰动，成就了如今小米的辉煌。

值得注意的是，在2018年5月31日的小米8发布会上，雷军宣布小米8目前已经备货几十万台，是历次旗舰机发布会备货情况最好的一次。以往，消费者很难在小米官网优先抢到购买手机的F码，但本次在发布会尾声，雷军却亲自向到现场的每个人送出一个小米8的F码，并且在发布会结束后，雷军还在多个微信群中给网友发放F码。这对于每个希望购买到小米8的消费者和"粉丝"来讲是一件值得欢呼雀跃的事情。

小米在成立之初，饥饿营销几乎成了标配，让广大消费者"一机难求"，然而，2018年他们却彻底改变了这种营销模式，这一方面是为了能够更好地适应市场需求而做出调整；另一方面是因为小米经过多年的发展其供应链问题得到了更好的解决，使得出货量较之前有了更大的提升。即便小米不再延续以往的饥饿营销模式，也对自身的实力和销量信心满满。

粉丝营销：把粉丝变为生产力

随着消费升级，社会观念发生了巨大的变化，以往的消费者正逐渐化身为如今的产品追求者、"粉丝"出现在市场中，形成了新时代的"粉丝经济"。

在"粉丝经济"时代，得"粉丝"者得天下。无论个人还是企业，要想获得较大的影响力，关键还需要看"粉丝"规模的大小，"粉丝"已经成为一个企业发展壮大必不可少的一部分。因为，"粉丝"不但是企业的优质目标消费者，也是最忠实的消费者；"粉丝"并不是一般的爱好者，而是对品牌的狂热追逐者。

在当前的企业营销中，谁能够拥有大规模"粉丝"，谁能够运用好"粉丝"经济，就意味着谁找到了致富的金矿。

在应用"粉丝"营销模式的企业中，小米公司算是最为出色的了。小米公司在手机生产各环节（包括研发、生产、营销、售后等）中都离不开"粉丝"的支持，尤其在营销的过程中"粉丝"发挥着十分重要的作用。

具体来讲，小米在运用"粉丝"营销的过程中主要有以下步骤：

第一步：调集"粉丝"

小米在借助粉丝的力量开展营销活动之前，首先做的事情就是调集"粉丝"。

1）运用微博获取新用户

微博本身就相当于企业的自有媒体，当微博"粉丝"聚集的数量达到一定限度的时候，"粉丝"的力量将超乎想象。然而，小米借助微博获取"粉丝"主要是通过塑造公司品牌形象的方式实现的，主要途径表现为：

①塑造小米公司微博的个性化。

微博的主要特点表现为两方面，即"关系""互动"，小米公司抓住微博的这两大特点，将企业微博当作官方信息发布的窗口。在通过微博发布消息的时候，小米公司充分表现出浓浓的人情味，让人觉得小米一直是在敞开心扉与人沟通和交流，而不是固步自封、以自我为中心。

小米公司借助微博渠道建立起来的平易近人的沟通方式，深深博取了用户的信任，拉近了与用户之间的距离。同时，借助微博这一自媒体平台，有效促进和树立了小米品牌的形象。小米打造的个性化微博，是以往传统企业所没有的。

②提高小米公司微博的专业化水平。

微博具有即时性、互动性和"零距离"接触的特点，微博中一旦出现负面信息和不良的用户体验，是非常容易快速蔓延的，这就对公司的品牌形象非常不利，如果不能将微博应用达到更加专业化的水准，而是将微博当作企业的一个装饰品，就不如不花费大量的时间和精力去建设企业微博。

小米公司掌握了大家上微博打发时间的心态，因此在微博内容上表现出更加有趣、自然的特点，从而能够有效吸引微博用户的目光，提升对公司的关注度，这样做不但使得小米公司的相关信息得到了很好的传播，而且也提升了整个公司的形象。因此，小米在提升了自我微博运用的专业化水平的基础上，更有效提升了在广大"粉丝"心中的形象。

通过以上两个方面的工作，小米为自身树立了良好的形象，更有助于原有"粉丝"口口相传，吸引更多的人转粉，从而达到调集"粉丝"的目的。

2）运用论坛维护用户活跃度

但凡加入小米论坛的人，都是小米的"粉丝"，然而随着时间的流逝，"粉丝"活跃度会逐渐降低。通常一个活跃用户的生命周期大概为6个月，6个月之后就开始活跃度降低，甚至直接沉默。为了延长"粉丝"生命周期，将其从6个月延长到9个月，就需要想方设法借助一些手段进行干预。

①发挥意见领袖的作用

意见领袖虽然在论坛中数量小，但对小米提升用户活跃度却发挥着重要的作用。小米通过培养意见领袖，使其间接成为小米的代言人，通过对其周边人群的影响力，可以有效扩大"米粉"群。如果意见领袖在小米论坛中持续发力，就会有效激活小米"粉丝"的活跃度。

②"骨灰粉""铁杆粉"提高论坛黏性

高黏性"粉丝"往往能够保持论坛的持续运营，同时还能对其他的粉丝产生一定的影响，带动其他"粉丝"共同参与互动活动。小米不断重视对粉丝黏度的提升，通过影响力强、参与互动活动积极性高的"骨灰粉""铁杆粉"的强黏性，带动其他粉丝向高黏度"粉丝"转变，从而有效提升了论坛"粉丝"的活跃度。

3）运用微信做客服

小米的微信账号后台共有9名员工，他们的任务就是回复微信上100万"粉丝"提出来的稀奇古怪的问题和留言。

然而，这9名员工能够胜任的工作量是有限的，为此小米对手机用户的留言，采取自动服务的方式，以便能够以最快的速度为小米微信用户答疑解惑。除此以外，小米的微信公众号还与时俱进，开设了人工客服，能够更加方便地抓取微信用户后台的留言内容，当留言中出现"订单""快递""刷机"等词的时候，系统就会自动分配给人工客服，然后再由客服人员进行一对一回复。

小米这种用微信做客服的方式，能够在第一时间为用户快速解决问题，用户自然高兴，同时也为小米赢得了好口碑，极大地提升了用户对小米的忠诚度，而这种高兴与满足，自然会引发新一轮"粉丝"的传播，进而吸引更多的用户加入"粉丝"的队伍。

第二步：增强参与感

在广泛调集大量粉丝之后，小米接下来要做的就是增强"粉丝"的参与感，以此进一步提升"粉丝"黏度，让"粉丝"进一步转化为"死忠粉"。

前文中也讲到，为了增强"粉丝"的参与感，小米通过让用户参与到创意产品的设计中来、让用户参与到产品的营销传播中来的方式，增强用户黏性，此处不再赘述。

第三步：增加粉丝的自我认同感

当"粉丝"黏性极强并转化为"死忠粉"时，小米接下来的任务就是增加"粉丝"的自我认同感。小米公司的信仰就是"因为米粉，所以小米"，因此，每年小米公司都要举办一系列的活动来增强与"粉丝"之间的情感、增加"粉丝"的自我认同感。之所以要增加"粉丝"的自我认同感，主要是想要"粉丝"建立起一种主人翁意识，将自己看作是小米公司中的一员，同时也让每位"粉丝"实现自己的创造梦想，也使其获得了真正属于自己的数码产品。通常，小米举办的活动有"爆米花""米粉节"、同城会以及活动时携带、穿着小米衍生商品等方式。

> "爆米花"是小米一年一度的活动庆典，从全国各地小米之家的"年夜饭"到公司总部的"唱K"活动，小米公司都将"米粉"当作公司成员进行情感交流，让他们感觉自己也是小米公司的一分子。

当小米一步步做好了铺垫工作，使得"米粉"产生了一种强烈的主人翁意识之后，米粉就已经将自己看作是小米公司的一员了，此时就是小米充分发挥"粉丝"力量的时刻。"米粉"会通过各种渠道，如微信、论坛、微博、QQ等社交平台，主动、自愿地为小米公司和产品做宣传，让更多的人了解小米和小米产品，甚至爱上小米和小米产品，进而形成巨大的产品销量。可见，小米公司用这种"粉丝"营销的方式将粉丝变为了生产力，既节省了很大一笔推广费，又产生了良好的宣传效果，一举两得。

07

方法论六：
管理——简单、高效、扁平化

　　一个公司的发展离不开管理，一个简单的管理动作，很可能影响整个公司的人力、物力、时间和财力，所以管理对于一个公司来讲至关重要。但管理模式并不是照搬，因为别人的成功管理模式并不一定就是适合自己的最佳模式。真正的好的管理模式是适合公司、适合时代发展的管理模式，这样才能使企业获得业绩和效率的整体提升，而小米正是应用了"简单""高效""扁平化"的管理模式获得了极佳的管理效果。

|"轻"管理：掌控员工的肉体和灵魂 |

企业需要一个庞大的团队，同时也需要纷繁复杂的业务来丰富。然而无论是庞大的团队还是纷繁复杂的业务，都离不开管理。做管理，如果能够做"轻"，能够换来巨大的工作效率和效益，那么这个企业就算是一个成功的企业。

小米公司在管理方面自成一派，通过运用"轻型"管理模式将小米公司上上下下管理得井井有条，大幅提升了公司的工作效率，可以说将管理做到了极限。

管理模式扁平化

很多企业都在关心一个问题：如何发展好企业？对于这个问题，世界级战略大师、管理大师加里哈默尔给出了这样一个新颖的答案："解雇所有的管理者"。

相信很多人对加里哈默尔的回答持反对态度。其实，对于这个回答，加里哈默尔给出的解释是："一个公司的人员越多，就会有越多的员工层级，每一层都需要管理人员去管理下一层工作人员，但管理人员越多，基层员工的意见和建议就越难被上级管理者所听到，而决策的制定和执行也就会越来越没有效率。"加里哈默尔解释之后，为什么大公司与小公司相比发展更慢的问题也有了答案：因为与小型公司相比，大型公司管理层级太多，根本听不到最基层员工的声音，因此在管理执行以及企业运营的过程中往往会呈现出尾大不掉的劣势——这也正是传统企业在管理制度上的缺陷。

传统企业在管理制度上通常采用的是"金字塔"模式，实行从上到下层级管理，这种管理模式往往鞭长莫及，很多时候起不到很好的管理效果。小米则一改传统的管理模式，采取扁平化的管理模式。

所谓扁平化模式，就是通过削减管理层级、缩短经营路径、减少经营管理通道、增大管理幅度，提高层级之间信息交流速度，从而提高经营管理效益与效率的企业组织模式。扁平型组织具有管理成本低、管理效率高、信息反馈迅速等显而易见的优势。

小米的扁平化管理模式基本上只有三个层级，即核心创始人—部门领导—员工，这样一竿子插到底的执行，充分体现了小米所追崇的简约、极致、速度的理念。

小米从来不会让自己的团队过于庞大，当团队达到一定规模时，就会对其进行拆分，变成一个项目。从这一点来讲，小米内部是一个完全被激活的状态，一切业务都是围绕市场、围绕客户价值而运作，团队中每个成员都能够自动协同，然后承担各自的任务和责任。在小米，管理非常简单，一层产品、一层营销、一层硬件、一层电商，每一层都由一名创始人坐镇。除了七位创始人有职位，其他人都没有职位，都是工程师，因此大家能够互不干扰，各司其职。

正因为如此，小米的每位创始人不需要考虑如何升职这样的杂事，唯一的晋升方式就是获得奖励，更不会起利益冲突。只有这样，才能使作为每个部门领导者的创始人将全部心思和精力扑在自己的工作上。

总而言之，小米的这种扁平化管理方式使得每位合伙人通过合伙人分权的方式掌管公司，这种管理方式与传统管理方式相比，其最大的优势就是砍掉了纷繁复杂的层级管理，实现"轻型"管理，能够人尽其用，极大地提升了整个公司的工作效率。

不设KPI（绩效管理），将责任感放在首位

在现代企业中，绩效管理（KPI）已经成为必备的企业管理模式。追溯绩效管理的历史，不难发现，绩效管理进入企业和管理学家视线已有百年之余。西方的企业将绩效管理效应称之为"避雷针效应"，因为它能确保企业方针、战略的顺利执行、能提高管理效率。

在我国，自20世纪引入绩效管理以来，众多企业一直在探索绩效管理的实施方法，并且将绩效管理视为一种"向管理要效益"的有效手段。

然而小米则与众不同，在企业管理的过程中并不推行绩效管理，雷军反而还多次提到了"去KPI"的概念，并且还推出了一条法则：不设KPI，

将责任感放在首位。

那么什么是KPI呢？KPI即关键绩效指标，通俗地讲是企业管理过程中一种目标化的量化管理方式，是企业绩效管理的关键所在。具体来讲，KPI是根据企业发展战略对未来的预算、计划，确定比过去更有挑战性的目标，然后将其进行一一分解，并在各个岗位和单元中进行落实，再以目标为导向形成关键指标，并将指标下达给各个相关责任人，形成从月到年的考核体系。简单来讲，KPI就是压力式、重考核、轻激励的绩效模式，一方面是用来衡量工作人员表现的量化指标，另一方面也是绩效管理计划的重要组成部分。

KPI的主要价值在于：地推公司战略执行；为绩效管理和上下级沟通奠定客观基础；快速回顾执行结果，及时诊断执行过程中存在的问题，采取行动予以改进。

既然KPI对于一个企业来讲如此重要，那么小米为何不设KPI呢？原因有二：

首先，雷军为小米的去KPI给出的解释是这样的："我们永远很难有一个完美的KPI，可能你在短时间内达到了KPI目标，但却付出了失去用户这个更大的代价。"

其次，随着互联网的不断发展，用户和生产者之间的界限被打通，生产者必须走近用户、贴近用户，因此，小米公司的管理权逐渐从员工转移到了用户身上。用户体验是衡量一切的标准，基于此，小米公司的去KPI制度，让员工将全部精力都放在用户体验上。做好了用户体验，公司就能够建立起广泛的用户群，从而获得更多的盈利。

基于这两点原因，小米在实施企业管理的过程中，通过以下几方面实现"去KPI"落地：

1.去除新员工脑中的KPI观念

每次招聘客服主管的时候，小米公司的管理高层都要找他们谈话，了解他们对客服工作的看法。这些人往往在之前的公司做得都非常好，经历过比较成熟的KPI考核制度，但是来到小米，这些人依旧把之前条条框框的考核思想平移过来，小米找他们谈话的目的就是为了让他们忘记KPI，不要记录自己的工单数，不需要记录接通电话的数量等。

小米联合创始人兼副总裁黎万强在其所著的《参与感》一书中这样讲到：在小米，客服也要忘记KPI。我们只把KPI指标当作辅助的参考，对于每一个人来讲，最重要的事情就是"和用户做朋友"，让每位员工都能够发自内心地为用户服务。

2.员工拥有极大的自由

绝大多数企业在管理方面对员工的行为进行了约束，而员工做任何事情都必须在企业规定的框架内进行，一旦"越矩"，便会受到相应的惩罚。

小米公司最让人羡慕不已的是员工的特殊待遇：小米员工的薪酬要比同行业内高出50%左右；员工的工位也要比其他企业的大很多，而且员工还可以根据自己的喜好设计自己工位的风格；凡是在小米公司工作半年以上并且有良好表现的人，都能够获得小米公司的期权；小米内部还设有"米粒学院"，专门对新员工进行专业培训。

> 据不完全统计数据显示：小米总部工资水平在4500—50000元之间，其中拿20000—30000元工资的员工人数达到了27.6%，小米工资与同行相比超过了50%，比同地区的工资高280%，再加上各种福利，小米总公司员工的总年薪大概在150000—300000之间；小米的年终奖约2—3个月的薪水。

所有的这一切，都是小米"去KPI"的最好体现。小米给员工带来的极大的自由空间，这在绝大多数的企业中是没有的，因此让小米员工产生了很强的归属感，让每位员工更加能够发自内心地热爱自己的工作，愿意死心塌地地为小米奉献自己的光和热。

3.用户体验，是小米员工的KPI

在小米，虽然强调不设KPI制度，但却有一定的KPI指标——小米用户的体验满意度就是小米公司内部的KPI。在小米，并不会关心一个员工完成了多少任务，而是关心每位用户对每个员工所研发产品的满意度，从而考察员工为提升用户体验满意度做了多少贡献。换句话说，就是小米将用户在产品体验之后的反馈作为对员工考核的重点。

4.将责任感放在首位

小米公司虽然主张"去KPI"，但却将责任感放在首位，因此要求每位员工能够将他人的事情当作首要事情，以此来提升员工的责任感。在小米公司有这样一句口号："不仅要工程师的身体，还要他们的灵魂。"因为只有把身体和灵魂都交给小米的员工，才是真正有责任的员工。

> 例如，当一位员工完成了工作，就需要让其他工程师检查一下，看还有哪些地方做得不够好，需要改进和完善；而接到这个任务的工程师必须马上放下自己手头的工作，在第一时间完成检查任务。

总之，小米公司能够打破传统观念，提出"去KPI"的管理理念，让小米的每位员工都能够用小米做产品的"专注""极致""口碑"的思想去服务于用户，将责任感放在首要位置。

能不开会就不开会

对于绝大多数企业而言，开会是一件司空见惯的事情，在会议上汇报工作，交换工作思想和意见，有助于整个企业上下目标明确、思想统一，并在此基础上高效地开展日常工作。但如何能将会开好，如何能调动开会氛围，才是企业管理的关键。

如果会开得不好，七嘴八舌、漫无边际、冗长拖沓，则对员工来讲无异于一种酷刑折磨，不但没有起到调动气氛的作用，反而造成士气低落、严重影响工作进度的后果，因此，很多公司开会无聊乏味，越开越人心涣散，不少企业其实都是因为开会开垮的。

因此，小米是一个基本不开会、能不开会就不开会的公司。小米平时即便是做出的决策也都不用发邮件，如果有什么事情就直接在米聊群里解决，就连报销部都省去了跨部门穿梭的繁琐，直接在米聊截个图就可以了。小米公司在运营过程中，除了每周开1小时公司例会以外，不会像传统公司那样接连不断地开季度总结会、半年总结会、月总结会、周总结会甚至是日总结会。因为雷军认为，与其开会浪费时间，还不如将时间交给员工，让他们将时间投入到产品研发的过程中，为用户研发出更多极具价值的产品。

如果实在是不得不召开大型会议，小米公司为了能够在最短的时间内以最快的速度解决问题和传达会议内容，特别制定了以下几点规定：

1.开会要人少，时间短，目的性明确

小米公司的会议和其他企业有所不同。在小米，每次参加会议的人都很少，所用的时间都很短，开会之前就定好了一个明确的目标，如果没有

明确的目标，是不会浪费时间开会的。

2.第一次开会就要确定决策的大致方向

在小米，开会是十分厌恶议而不决的。因此，参加会议的人都是有一定实力、能够参与到整个项目策划当中的管理人员，他们总是踊跃发言、积极讨论项目内容，使得会议能够在最短的时间内高效完成。同时还要求第一次开会讨论的决策要作出一个大致的执行方向，之后再由各个部门带着员工一步步执行，等到下次开会时，各个部门负责人再将执行结果做简要的报告。

3.高层要做好多线工程准备

每次开会要想在短时间内取得高效的讨论结果，就需要每位参加会议的高层事先做好多线工程准备工作，并提前对每个项目的属性做一个全面、深入的了解，这样在开会的时候才能减少方向性错误，更能够对每个项目决策的制定做到信手拈来，并能够灵活转换思维，对项目问题给出更加完美、可行的解决方案。

正是由于小米这种与众不同的"毁三观"理念，使得小米能够独创出新颖的管理方式，推动小米高效运营，在激烈的市场竞争中站稳脚跟。

| 权益管理：充分肯定人的价值 |

　　小米成立之后短短的几年时间就发展壮大，成为国内手机行业中的顶尖企业，究其原因，除了其产品性价比高、技术创新、运营策略以外，还与其颇具特色的权益管理机制是分不开的。小米组织架构呈扁平化，管理模式也具有扁平化特征，这样简单的三个层级中的成员各司其职，不需要想太多与工作无关的事情，因此小米员工能够全身心投入到工作中，为小米带来更多的效益，这一点其实充分体现了人的价值，是每个员工的价值叠加才有了小米如今的成功。

敢于分股，利益分享机制透明化

　　企业要想长足发展，就必须依靠利润做后盾，没有利润支持的企业迟早都得垮台。然而对于一个企业领导人来讲，并不能只看企业眼前的利润，而是应该放长眼光，在格局上要有更高的立足点。

小米公司就是一个非常注重长远利益的企业，一直以来，小米坚持透明的利益分享机制，做到"有利益，大家共同分享，并且尽可能多地和员工分享利益"，因此，小米在创业初期，每位公司员工都为小米的建立付出过。

2010年12月15日，小米共获得了4100万美元融资资金，资金来源于晨兴创投、美国国际数据集团（IDG）、启明创投和小米团队。当时虽然小米公司只有56名员工，但大家共出资1100万美元，平均每人投资大约20万美元，共占小米公司4.4%的股份。这也就是说，无论员工的工作岗位是什么，从事什么职务，只要是为小米的建设和发展出资，都是小米公司的股东；而投入的股份越多，则能够赚取的回报越多。要想让自己赚取更多的回报，就必须让自己的股票升值，为了能够让股票升值，每位员工都怀着建立快速、平稳发展小米的梦想和决心，用主人翁的心态做好手中的每一项工作。

甚至有一个女员工，为了能够成为小米股东，不惜将自己的嫁妆卖掉，将换来的钱投入小米。如今看来，她必定为当时的行为而感到兴奋不已，因为随着小米的飞速发展，小米公司已经成为一个坐拥1000亿市值的"大款"，而她能够持有股份，这是一个一本万利的买卖。

不得不说，利益分享是小米公司吸引有竞争力员工争相加入的有效方式。雷军这种敢于分股的魄力，也奠定了一批员工与小米未来同呼吸、共命运的基础。小米公司的这种利益分享机制，在应用过程中具有非常明显的优势：

1.让员工更加有干劲

员工持有股份，就会多了一份归属感，认为自己干得越多、干得越好，自己能够获得的回报也就越多，这样员工在工作的过程中就更加有干劲。

2.符合员工被尊重的需求

每个人都希望自己被别人尊重和认可，企业员工同样如此。当小米公司的员工获得股权，并能够和公司高层共同分享股权，这样就拥有了和高层一样的待遇，从内心中产生了一种被尊重的感觉，满足了其作为一名员工被尊重的需求。

3.让员工对公司更加忠诚

一个公司，如果在利益分配方面不能够做到让人心服口服，自然会让一部分人心存不满，这样不能"一碗水端平"，员工自然不会尽心尽力为企业服务，甚至在时机成熟的时候出现跳槽的情况。如果能够让每位员工获得平等的利益分享机会，则情况大不相同，因为很少有企业能够做到这一点。小米能做到利益分享机制透明化，足够让小米公司的每位受益的员工感动不已，自然愿意一心一意、死心塌地地为小米奋斗终身。

然而，小米的这种敢于分股的魄力仅仅是其权益管理中的一部分，雷军还让每位员工能够感受到公司管理的人性化、透明化，给每位员工自由选择的权利：小米员工的薪资有三种不同的发放方式，每位员工可以自由选择任意一种：

第一种：和跨国公司一样的薪酬。

第二种：2/3的报酬+股权。

第三种：1/3的报酬+更多的股权。

在这三种选择中，绝大多数员工选择了第二种，因为第二种薪酬组成方式风险性相对较小，更容易让基层员工对企业形成较强的化学反应，使员工更加有主人翁意识。

小米在权益管理方面，采用利益分享机制透明化，可谓是打了一张很好的情感牌，为小米聚拢了人心，从而创造出源源不断的价值。

敢于放权，发挥人的潜能

现代企业中，绝大多数都是"中央集权"制度，即企业的大权掌握在少数高层手中，而对于底层的员工来讲没有任何做决定的权利。这种"中央集权"制度必然会体现出两方面的弊端：

一方面，公司老板整日为了日常工作忙得团团转，整天为了一些琐事而亲力亲为。他们担心将工作交给下属，可能会使整个公司运转不畅；也有的老板认为"中央集权"能够彰显自己的权威，因此享受着"坐拥兵权"而带来的至高无上的荣誉感。但事实上，公司老板手握"兵权"，任何事情都亲力亲为，最终却并没有给公司带来多好的运营效率，相反还使得公司业绩下滑，逐渐走上了"不归路"，最终把公司搞垮。另一方面，即便基层员工有任何好决策，也都需要层层上报，过程繁琐，又耽误好决策的最佳执行时间。

其实，一个完美而成功的企业背后离不开一个能力超凡和素质全面的老板，他既要做下属、员工的标杆和榜样，又要有指挥家的智慧和魄力，更要懂得人尽其才，懂得排兵布将，懂得有所为、有所不为。"权利下放"体现的就是一种有所为、有所不为的智慧。

有人曾经将权力下放比喻为"放风筝"，要懂得收放自如，才能放得更高更远。的确，一个公司的老板，如果能够将权力下放，这样既能让自己抓住工作重点，轻松、快速地完成工作，又能让每位基层员工最大限度地发挥自己的价值、挖掘自己的潜能，因此，作为一个公司的老板，懂得放权的门道至关重要。

雷军作为小米的创始人和CEO，就是一个找到放权门道的人。在权限方面，雷军摒弃了传统公司的树状结构，采取以下方式：

1.合伙人实行"地方自治"制度

因为小米采用的是扁平化管理模式，再加上雷军将权力下放，将权力分给了七位合伙人，类似于"地方自治"，各合伙人就拥有了较大的自主权，且彼此之间互不干涉。

2.让率先冲在前面的"勇士"自己做决定

雷军认为，基层员工站在公司发展的前沿阵地，与消费者接触最多、走得最近，因此更加了解消费者的潜在需求，他们是率先冲在前面的"勇士"，他们的看法往往都是非常准确的，因此，雷军将权利下放给每个能率先冲在最前面的"勇士"，赋予他们自己做决定的权力，这样能够唤起下属的主观能动性，更好地发挥他们的潜能，为小米公司从员工当中更好地挖掘优秀人才。

雷军将大多数时间都用在产品研发上，在这方面所花费的时间占去了他所有时间的80%。雷军常常会和MIUI系统、硬件、营销部门以及米聊的基层同事们坐下来讨论产品，把每个人的想法都当成十分宝贵的意见。实际上，小米公司很多产品方面的细节都是雷军和其他在一线工作的员工们商讨决定的。

小米客服人员在回答客户问题时不需要向主管申请就可以直接承诺送给客户一些公司的小礼品，小米内部系统也只会对此进行简单记录，没有人会追究送出礼物的理由，这就是小米对一线人员的权力下放，充分体现出对一线服务人员的信任。在黎万强看来，越是将权力下放，越是给予员工信任，他们做起工作来就会越谨慎。

总之，雷军作为小米公司的最高领导人能够摒弃"独揽大权"的占有欲，将权力下放给每一个能率先冲在最前面的"勇士"，如此英明果断的做法使得小米总是能够走在时代的最前端。

人人都是产品经理

在小米，雷军对每个员工的价值都非常重视，但小米并没有像其他公司一样制定各种规章制度来约束员工，而是希望每位员工能够在更加自由的大环境下更加轻松、惬意地把自己的最大价值发挥出来。雷军说，在小米内部有一个"人人都是产品经理"的概念，即公司的每一位员工都是产品的总策划和设计师，是产品的灵魂人物。

小米的这种理念，使得每一位员工都能树立起强烈的责任意识，为小米尽心尽责地贡献自己的价值。这种理念已经蔓延到公司的每一个角落。

即便小米没有传统公司所拥有的KPI考核制度，但小米内部的每个成员都能卖力工作，对工作执行力度极强，从不拖拖拉拉，这充分体现出了员工的主观能动性。那么小米是在何种魔力驱使下使得小米员工有如此积极的工作动力呢？小米是如何做到的呢？

1.为员工提供自我发展和价值体现的平台

在互联网/移动互联网时代，一切都是以低成本换高效率为目的，小米公司更像是一个能够让每位员工都能最大限度挖掘自己的潜能、发挥自己价值的巨大平台，在这个平台上，每个人都是创客，都积极地为公司创新贡献自己的一份力量。

雷军不仅是一位营销高手，还是一位精于管理的高手，他总是能不拘一格地做出很多让人惊讶的事情。虽然小米在经过爆发式增长之后在转型的过程中进入了低谷期，但如今的小米已经展开翅膀向一个更高的阶段飞跃，这样的成功转型是与雷军的正确管理方式分不开的。雷军一改过去那种企业方方面面都有规矩、有框架的做法，为每位员工提供了一个可以自由发挥的平台，让他们尽情展示自己的创新天赋，让每个人都能成为一名产品经理。在这样的理念下，小米的员工从内心感觉自己不是在为老板工作，也不是在为公司工作，而是为了自己的梦想而战。

为自己的梦想而奋斗——这是每个人能够奋斗不息的源动力。小米提出的"人人都是产品经理"的利益机制成功地达到了管理的最高境界。

这样，众人拾柴火焰高，小米省去了专门聘请产品研发人员的工资成本，在每位员工发挥自己聪明才智的过程中，用能力和价值的叠加为小米换来更多的经济效益。

2.为员工塑造一个成功的偶像

任何时代，都需要一个榜样，因为榜样的力量是无穷大的。雷军深谙互联网时代的生存法则，所以在一开始就把自己塑造成一个偶像。

一方面，雷军本身是一个有故事的人，这样的人更适合做偶像，因为当一个人有故事的时候才更有吸引力，才会有更多的人对雷军这样有魅力的人产生兴趣，更愿意去读懂他的故事、读懂他这个人。

另一方面，雷军在给自己定位的时候，并不是将自己定位为一个CEO，而是把自己当成了首席产品经理。他对手机产品的创新有着十分独到的观点和理念，因此将小米手机定位为高性能智能手机，并一直带领着自己的团队朝着这个方向不懈努力着，也在市场中取得了一定的辉煌地位。小米的辉煌自然使得雷军成了一个偶像级人物。

雷军作为小米公司的一个偶像级人物，凭借自己不折不扣的努力成功地成了小米的首席产品经理，这样优秀的人，自然是每个员工所效仿的对象，他们更愿意成为像雷军一样的成功人士，通过自己的创新能力努力成为一名卓越的产品经理。

在当前这个高速发展的互联网时代，发挥全员的力量，让每个员工都能争做产品经理，才能使整个企业在短时间内奇迹般地成长和壮大——在雷军的带领下，小米成功做到了。

| 激励管理：有激励才有前进的动力 |

俗话说："重赏之下必有勇夫"。一个企业的成功并不是仅凭借领导者个人拼搏就能实现的，而是需要发挥大众的力量才能收获成功。有激励才有前进的动力，企业能够采取强效的激励管理方式，让有功之臣有所收获，才能激发大众发挥自我潜力的积极性，为企业创造更多辉煌战绩。

关爱激励法：发挥爱的力量

在这个人情味日益缺乏的时代，人们对亲情、友情产生了强烈的渴望，希望获得更多人的关注和关怀。情感是实现人与人交流的基础，也是唤起人情味的关键，更是企业和员工之间加强关系的纽带，这也因此使得越来越多的企业采用关爱激励法来激励员工。

所谓关爱激励法就是在情感以及衣、食、住、行等方面关怀员工，用对员工的爱护来激发其工作积极性，激发其创造创新潜力，从而获得产出。关爱激励属于"爱的经济学"，雷军就是一个善于运用"爱的经济学"来激励员工的高手。雷军在使用关爱激励法的过程中，主要使用了以下三种做法：

1.走进基层，关心员工的身心健康

关心员工的身心健康，并不是单纯地对员工的身体进行定期检查，还需要对员工的工作环境等方面适当改善，降低员工的劳动强度。当员工加班加点工作时，领导应当到基层走一走，送一份关爱，送一份温暖，道一声辛苦。雷军经常走进基层员工队伍，给员工送上一份关爱，令员工感动不已，更给了员工积极工作的动力。

> 雷军大学时代专攻的是计算机专业，是程序员出身，并且在这一行业一干就是10年光景，因此，雷军在编写程序方面具有一定的造诣。虽然如今雷军将更多的经历放在了产品研发和管理方面，但在编程方面的高超"技艺"是毋庸置疑的。但雷军并不居功自傲，对下面的程序员十分关照，只要有时间，就会到基层程序员队伍中走一走，嘘寒问暖并且还亲自指导程序员工作。

2.关心员工的生活

后方良好的家庭生活氛围是保证前方能够全身心投入工作的基础，所以，在条件允许的情况下，对员工的生活状况给予关心这会使得员工在工作上更加有奔头，对梦想更加有盼头；相反，如果员工生活条件差，生活

过得一塌糊涂，自然不能有饱满的士气和充沛的精力去完成工作。

自从小米创建以来，加入小米队伍的员工数目不断攀升：2014年，小米的员工人数达到了7000人左右；截至2018年3月31日，小米拥有14513名全职员工。然而，在这些员工中，有很大一批人还没有自己的房子，到处租房住，因此找房子、搬家则是常有的事。

但找房子、搬家并不是一件简单的事情，既耗时间又耗精力，更重要的是租到的房子经常与心中预期的结果有很大的落差，这样就严重影响了员工工作的情绪和状态。雷军为了解决员工的住宿问题，专门和万科合作面向员工推出半价房。虽然这个房子和小米的期权一样，没有产权，只能在内部交易，但使得那些为梦想而奋斗的年轻人也有了属于自己的一套房子。

3.关心员工的亲属

亲情在很大程度上是人们强有力的精神支柱，当亲属出现意外情况时，无异于精神支柱的坍塌，此时，小米公司一定会施以援手；此外，小米公司对员工的亲属也经常给予关心、表达慰问。

天有不测风云，如果谁家出现"灾祸"或亲属离世，小米会出资对员工施以援手。但这仅仅是小米公司关心员工亲属的一部分内容，小米的领导人还会在必要的时候亲自去看望和慰问员工亲属。虽然这种关爱方式看上去平凡，但所包含的意义却是非凡的，员工也因此而感激不已。

小米公司这种关爱激励方式是将员工激励做到极致的体现。

荣誉激励法：激励员工持续创新的源泉

"想要马儿跑，就要给马儿吃草"。一个企业，要想让员工最大限度地发挥其价值为企业赢得更多的利润，就需要经常给员工鼓励和激励，让员工切身体会到成就感、荣誉感，从而推动整个企业在市场竞争中更具实力。

小米公司一向非常善于运用成就感、荣誉感激励员工不断奋进，创造更加辉煌的战绩。

1.成就感激励

相信绝大多数人在做任何一项工作的时候都是在一种精神力量和内在动力的作用下推动的，而这种精神力量和内在动力实际上就是一种成就感。

很多人能够更加热爱自己的本职工作，并希望能够持续地发出光和热，关键是因为成就感做精神支柱，只有感觉到成就感，才能让自己在岗位上坚持不懈。小米非常善于运用成就感激励的方式，让员工能够持续不断地为公司产品进行创新。可以说，成就感是推动小米员工实现持续创新的源泉。

小米有一个"点滴系统"，凡是小米公司的员工，都能够在点滴系统上提出自己的想法、意见、观点、建议等，并且每位员工也都能看到其他员工的建议，并对建议进行评分、打分、点赞，如果是大家公认的好建议，是不需要经过公司开会进行讨论的，可以直接通过点滴系统进行提交。只要运营小组中有超过3个人对该建议点赞并表示同意，那么这个建议就会被内部所采纳，并且在实际工作中应用与执行，而那些提出建议并且建议被采纳的员工，就可以获得相应的奖励，如米兔、手机配件等。这种激励方式让员工更具成就感，从而促使员工能够更加积极地参与到工作中去，为小米构思出更多的建议和意见，让小米公司能够小步快跑，迅速壮大。

当然，除了表扬和赞赏之外，小米员工的意见和建议也常遭到用户的恶评，甚至是"吐槽"。此时，即便不开会做动员工作，他们也会自觉加班加点，把自己做的不好的地方进行完善和改良，直到把不好的地方全部完善、让用户满意为止。

2.荣誉感激励

小米内部专门设置了一个"爆米花奖励"，如果员工开发出来的产品新功能受到用户的喜爱，并一致给予投票好评，那么负责该项目的员工就可以获得公司的一桶爆米花作为奖励，与此同时还会被公司封为"大神"的荣誉称号。这种把对员工的奖励与用户体验满意度直接挂钩的方式，很好地取代了传统企业的考核制度，更加能激励员工的工作积极性和工作效率。小米对员工的这种荣誉感激励方式在现代企业中几乎是没有的，但却更好地激励了员工创新的动力。

在管理过程中，小米总是能够出其不意地采取一些与众不同的管理方式，这让员工能够很好地收获极大的荣誉感，提升他们的工作能动性，并且有效提升员工的工作效率，为小米创造出更多价值。

08

方法论七：
合作——强强联手，构建生态链

在过去，企业与企业之间的竞争绝大多数都是单打独斗的方式，以获得"一家独大"的市场地位。然而，随着市场竞争的激烈程度越来越烈，再加上竞争环境越来越恶劣，企业以自我为中心的不但局面难以支撑，更难以在竞争中取胜，因此众企业便开始强强联手，构建生态链，走上了抱团合作的道路。这种强强联手的方式能够将彼此的资源进行整合，不但能够降低成本，还能够营造1+1>2的局面，对于合作各方来讲，可以实现共赢。小米在发展的过程中，也根据市场环境的变化进行思变，寻找合作者促进企业快速发展。

| 与合作伙伴分享机会 |

古人就有"独乐乐不如众乐乐"的思想，在当代，企业越来越意识到机会分享的重要意义。其实市场就好比是一块蛋糕，对于一个企业来讲，做市场就好比是做蛋糕，当所有企业都为了"争蛋糕"而拼杀得你死我活时，即便争到整个"蛋糕"，大小却是有限的；但当与合作伙伴共同做蛋糕时，大家集思广益，共同"做蛋糕"，将"蛋糕"越做越大，则大家分得的"蛋糕"自然也越来越大，甚至超乎想象。

小米在这方面的思想是十分开放的，做法也是十分开明的。小米在发展过程中，除了不断提升自己的能力和价值之外，还注重与合作伙伴分享机会，大家共同"做蛋糕"，共同创造更大的市场，赢得更大的市场份额。

只做几类产品，把其他机会留给合作伙伴

2015年，雷军在参加两会媒体沟通会时，公布了两项建议：《关于加快制定智能家居国家标准的建议》与《关于继续修订〈公司法〉改善创业环境的建议》。与此同时，雷军还对大家一直都关注的小米热点问题进行了回应。雷军表示，小米是一家高度专注的公司，至少在5年内不会考虑做电动车。雷军还明确指出，小米只做三款产品，即手机、电视、智能家居，其他产品都是其他公司在做开发。此外，雷军还强调，小米不会做家装，也不会涉足房地产领域。

显然，雷军在产品线问题上给出了明确的答案：只做几类产品。难道是因为小米的能力有限，因此只限于做三类产品吗？答案显然是否定的。经过八年的奋斗和打拼，小米从最初的小公司逐渐发展到如今行业中的翘楚，从最初的0市值一路飙升至当前1000亿美元的估值，这足以证明小米实力的强大，再加上如今小米转型成功，产品销量不断向上攀升，使得小米成为业界的神话。

2018年6月18日，小米手机在京东、天猫平台的销量惊人，拿下了"三冠王"称号，即拿下了京东单日和累积销量第一、单日和累积销售额第二（仅次于苹果）、天猫销量第一、销售额第一的好成绩。更让人们感到惊讶的是，小米手机在京东开售时，仅仅用53秒的时间就销售额破亿，夺取了京东手机疯狂2小时销售额冠军。

小米一直以来都出其不意地创造业界神话，然而这些"神话"背后，隐藏的却是小米不可估量的实力。既然小米实力不容小觑，却依然将做的产品限制在三款范围内，显然是有其规划和部署的，具体体现在以下几点：

1.什么都做容易崩溃

雷军认为，衡量一个公司的实力是否雄厚，并不是看它做什么，而是看它不做什么，如果什么都做的话，就容易"贪多嚼不烂"，容易让整个公司因为"吃的太多"而"无法消化"，甚至让整个公司直接崩溃。

不难看出，雷军采取的是"保守"政策，认为小米当前最重要的就是能够在巨大的市场竞争中稳住脚跟，夯实基础，做好这件事情看似简单，但实则不易，可能会需要几年的时间。虽然小米全年的出货量整体上呈现出不断上升的趋势，但是雷军依然用一种保守的态度对待小米未来的发展前景。

> 2011年，小米手机的销量为30万台；2012年，小米手机出货量为719万台；2013年，小米手机的出货量达到1870万台；2014年，小米手机的出货量达到6112万台；2015年，小米手机全年销售量为6490万台；2016年，小米手机全年销售量有所下滑，为4150万台；2017年小米逆袭成功，手机全球出货量达到了9240万台。而2018年，小米更是以前所未有的销售成绩进行自我突破，不但有巨大的国内市场，还向国外市场进行不断拓展，雷军也对小米在2018年的手机销量信心满满，预计小米在2018年的出货量能够达到1亿台。

2.把其他机会留给合作伙伴，实现合作共赢

小米将手机、电视、智能家居作为自己的主打产品，并投入更多的人

力、物力、资金去研发这三类产品，却把更多的产品机会留给了合作伙伴。

小米的这一思想和做法十分特殊，这实际上就是小米用互联网思想改造传统产业。在任何一个领域中，都可能潜藏着一个巨大的公司，小米虽然已经成为业界知名的企业，但并不会自己独揽所有产品的生产、研发，而是将机会留给更多的合作伙伴。

> 以小米的移动电源为例。当前，智能手机成为每个人的标配，移动电源作为手机配件的一部分，成为人们"不离不弃"的"伙伴"，然而小米的移动电源却并不是自己生产的，而是其合作商代加工的。最初这家公司叫作"小精灵"，后来与小米合作后，改名为"紫米"。

小米是一家非常懂合作的公司，在自己壮大的过程中，只要是能做出优秀的产品，小米都愿意成为其合作伙伴，为其投资，帮其实现梦想。然而，在帮助别人的同时，小米实际上也是在帮自己，让大家都能实现各自的梦想，实现共赢的目的。

与合作方共同探索高效盈利模式

在互联网/移动互联网发展初期，流量给企业带来的红利是相当可观的。但随着移动互联网的进一步发展，流量红利逐渐开始消失。因此，对于企业来讲，如何能够更好地、更加高效地变现是迫在眉睫需要思考的问题，也是亟待解决的问题。

小米在解决这一问题上采取与其他企业合作并全面赋能的方式，一起构建商业生态，从而实现互利共赢的目的。

1.系统赋能，打造小米商业生态

小米公司在售出一款产品时，意味着生意的开始，这时候小米把售出的产品连接起来，让这些产品背后的人变成一个体系。小米一直以来主张将高性价比作为自己的盈利模式，硬件可以不盈利，甚至硬件可以做到免费，但需要把硬件联合起来，通过后续服务、周边产品以及开发新的商业模式来获得盈利。

然而，无论小米如何盈利，都是建立在一个生态体系之上的，这个生态体系的基础与核心就是MIUI系统。正是由于这个系统，将米粉们连接到一起，然后建立了自己的商业模式。在2014年，为了能够打造更好的商业生态并进一步给用户推送有价值的广告信息，进而为开发者带来更高的收益，为广告主寻找到更加优质、高效的流量，小米开始尝试做生态广告。

小米生态广告是一系列基于系统、生态能力的整合，如反作弊能力、大数据能力等，以及小米强大的销售团队提供背书，为打造全新商业生态提供业务支持。

自从2014年开始，在接下来的3年里，小米积累了20多家自有媒体以及300多个广告位资源，并且都已经开放商业化广告合作。其中20多家自有媒体资源包括应用商店、基础工具、内容和增值服务、金融、电商等诸多类型；300多个广告位资源支持多种形式、涵盖预装、信息流、文件夹、推送等内容。

由于这些参与合作的自有媒体和广告位资源都具有碎片化特征，小米将这些碎片化资源进行整合，主要包括：

1）媒体资源整合

小米系统中涵盖了6种媒体资源类型，分别为：应用分发、信息流、视频贴片、开屏、横幅、OTT（应用服务）。基于这些服务类型，小米需要做的就是将所有的媒体资源之间打通，并用不同的资源形式进行展示、通过立体化、多维度的方式与消费者进行沟通，从而产生更好的沟通效果。

2）数据整合

小米的用户规模十分庞大，这些用户覆盖了娱乐、搜索、生活、消费、资讯、出行、社交等多个场景，而这些场景因为庞大的用户基础而产生多样化、丰富和立体的数据，这些数据又构建了用户的个人知识图谱，包括用户特征、用户喜好、地理位置等。

3）场景整合

小米将硬件和媒体相结合，打造多个应用场景。如小米智能音箱"小爱同学"可以作为早晨的闹铃；小米手环可以对用户早晨的运动进行跟踪。另外，日历、音乐、视频等可以融入用户的生活、工作等诸多场景当中。再加上线下小米之家为用户提供体验场景，以及VR设备的虚拟场景，都给用户提供全天候场景。

通过将合作方之间的资源进行整合，使得小米的MIUI系统能够实现自运转，形成一个有机的、相互促进的、自我生长的生态。

2.流量赋能

小米数据和开发者数据所产生的价值是有限的，但当将小米数据和开发者数据相结合时，所产生的价值将大于单纯的两者数据产生的价值之和。小米通过流量赋能，将开发者数据和小米数据打通，进而打造出更加全方位的用户画像。

3.平台赋能

为合作者进行平台赋能，即为小米的合作伙伴提供更加专业的、便捷的商业变现管理平台。这种平台赋能的方式不但提高了开发者的效率，也为打造新的商业模式带来了更多的机遇。

可以看到，在寻求与合作伙伴共赢的渠道方面，广告只是小米探索全新盈利模式的第一步。除此以外，小米还在内容、电商、游戏、IOT等领域寻找更多的合作伙伴，创造更多的盈利机会。

| 多模式跨界合作，赢得更多商业机会 |

基于互联网"短平快"的特点，在互联网时代，任何行业的发展都是变幻莫测的。

以往那些照着传统模式发展的企业优势渐失，而那些能够联合不同行业的企业共同为扩大彼此的市场而跨界奋斗的企业，尝到了不少甜头。

小米从做系统再到做手机，从做手机到做移动电源、豆浆机、小米手环、小米T恤、芯片等，这些体现的都是小米的跨界合作模式。可以说，小米的发展史，也是一部跨界合作史。

与银行合作开启"金融+科技+生活"新模式

互联网企业基于互联网思维，往往给人以"敢于探索""敢于冒险"的特质。随着企业规模的不断壮大，众多互联网公司开始纵向探索，向不同的行业渗透，创造更多的商机。

小米作为一家互联网公司更不会错过这样的商机。金融行业被认为是最有潜力的行业，因为任何一个行业都与金融业息息相关。小米抓住了金融行业所蕴含的巨大潜力，开始与银行牵手，力图在合作的过程中能够通过优势互补、互相赋能对原有商业模式进行进一步优化，从而开发新的盈利点，达到快速提升业务规模的目的。

事实上，在2015年6月小米公司就成立了小米金融，开始在金融领域布局，消费金融便是小米公司布局的重要方向。后来，小米又在一年多的时间里不断进行业务拓展，涉及贷款、保险、理财、支付等多个领域。2017年4月，小米正式上线"小米贷款"App，小米的这一举动意味着小米贷款服务开始向小米手机用户之外的人群延伸。

由于小米自成立至今已经经过了八年多的时间，期间积累了大量的用户群体，在2018年5月2日小米正式在香港申请上市时提交的招股书中披露，截至2018年3月，小米基于安卓自有操作的MIUI系统拥有超过2亿月活跃用户，实现了规模化发展，并在技术和产品上走上了引领革新的道路。在这些优势的基础上，小米打造小米金融，可以更加便捷地为用户提供金融支持与服务。

2017年7月5日，小米作为一家互联网公司，与全球银行排名第29、全国银行排名前10的民生银行强强联手，跨界合作。

民生银行自1996年成立至今，已经经过了20多年的发展，在此期间，民生银行不断寻求突破、实现转型，在各类创新产品和服务方面进行创新，已经形成了独特的业务模式，并在2010年被评为全球第一小微金融服务供应商。小米公司与民生银行寻求合作，就是因为民生银行极具创新精神和创新意识，并将业务面向小微金融企业，而小米金融本身就属于小微金融，再加上小米的创新精神，两者合作自然是水到渠成。

可见，小米与民生银行跨界合作不但体现了小米公司发展方略颇具睿智的一面，更体现了小米不断通过跨界壮大自己的"野心"。小米与民生银行的合作内容主要体现在以下两方面：

1.布局贷款业务，推动普惠金融落地

当前，在大数据、人工智能、区块链、物联网等诸多前沿技术的推动下，金融科技正走上变革的道路，并且银行的经营发展模式和市场竞争格局也发生了重构。显然，新技术的发展对银行业而言既是机遇也是挑战。民生银行在进行科技创新层面，可谓走在了最前端，推动了数字化智慧银行建设的步伐，构建了具有多元化、人性化、高效化特点的金融服务。

小米公司与民生银行展开深入合作，目前已经为小米用户提供线上消费贷款业务，未来还将在融资结算、资金管理、存款增值服务、代收付、互联网支付方面展开更多的合作。小米公司与民生银行展开的跨界合作实现了金融产品和服务方面不断创新，同时构建了"金融+科技"的新生态，推动了我国普惠金融政策的落地。

2.探索金融科技高效能合作模式，开创优质信贷生活

互联网力量将金融升级为一种与人们工作、生活息息相关的工具，更成为一种生活方式。随着智能手机等智能设备在千家万户中的普及，用户

行为转变为可量化的数据，这些数据将进一步转化为价值，为金融产业服务，进而为民众打造出"金融+科技+生活"的全新生活方式。

民生银行向来都是以典型的创新精神而著称，涉足网络领域并已经不断深耕了17年，打造了多样化的网络金融平台体系，实现了经营业绩指标的跨越式增长。小米利用小米支付（MI Pay）这一前沿移动支付技术，在线上线下不断进行产品和服务的创新，更在很大程度上丰富了移动支付、小额贷款应用场景，用"金融+科技+生活"的全新、高效能合作模式，给用户提供了更加优质、便捷的信贷生活。

总而言之，小米公司与民生银行开展跨界合作，在打造了全新的商业运营模式的同时，更为广大用户带来了更具创新性的金融产品和服务，为广大金融用户带来了福音。

与互联网巨头合作，成"AI+IoT"践行者

如今，大家对小米的了解已经不仅限于"为发烧而生"的小米手机，还包括小米遍布各领域的小米智能设备。小米手机和小米智能设备共同勾勒出了小米智能化道路的轮廓。但小米在壮大自我的过程中，还不满足于此，而是向着更多领域迈进。"AI+IoT（人工智能+物联网）"成为小米跨界合作的又一领域。

实际上，早在2014年小米手机销量已经达到一定规模的时候，小米就开始思考：未来智能手机的发展方向如何？并在2015年年初的时候就提出

了IoT战略：以手机为核心将所有设备都连接起来。

而2017年在北京举办的小米首届IoT开发者大会上，小米向外界宣布与百度达成跨界合作意向，共同打造"中国智造"新模式，将AI和IoT的发展引向了一个新的开端。事实上，在此之前的很长一段时间里，互联网巨头们在AI和IoT领域的发展呈现出一种各自为战的局面，从而形成了一个数据孤岛，使得软件和硬件之间不能形成很好的连接。而小米和百度的跨界合作，使双方成了"AI+IoT"的践行者。

> 雷军在2017年北京举办的小米首届IoT开发者大会上透露，小米的IoT平台联网设备已经超过8500万台，合作伙伴数量已超过400家，接入的设备超过800种，日活跃IoT设备超过了1000万台。而拥有2—5个小米IoT设备的用户超过了500万人，小米IoT平台每天处理设备请求的数量超过400亿次。显然，"AI+IoT"模式将会为小米和百度带来巨大收益。

小米之所以选择与百度展开合作，关键在于双方可以进行优势互补，主要体现在三个方面：

1.百度为小米提供人工智能技术优势

百度本身就是国内有名的互联网巨头之一，且是最早选择"All in AI"的公司，毫无疑问，百度拥有雄厚的数据优势，同时还在AI方面有着优于其他两大互联网巨头的深厚基础。百度在人工智能领域的优势对小米在布局硬件场景时能够起到很好的互补作用。

以对话式人工智能操作系统DuerOS为例。DuerOS是百度推出的可以与用户以自然语言的交互方式进行对话的AI系统，目前已经与国内多家知名数码、家电企业联手，包括美的、海尔、海信、联想、TCL、HTC、vivo等在内的130多家企业合作，这更体现出了百度在AI领域具备丰富经验和技术实力的一面。

2.小米为百度人工智能落地提供了基础

在这场跨界合作中，百度也是其中的受益者，小米拥有强大的IoT基础和大数据背景，不但可以为百度人工智能在学习的过程中提供训练样本，还可以加速人工智能技术在应用场景中的落地。

3.为用户带来更好的使用体验

百度的DuerOS系统与小米IoT在场景应用的过程中存在一定的交叉性，这样，小米与百度之间的跨界合作更体现出巨大的价值：小米的供应链优势有效丰富了百度的AI生态，扩大了AI技术的应用场景，从而使得DuerOS系统和小米产品为用户带来更好的使用体验。

可见，小米与百度联手跨界合作，为了AI在IoT的紧密连接和发展打开了一条必经之路，连接了硬件设备的同时，也连接了场景，优化了用户体验，从而抢夺了AI在IoT领域的新赛道。

与移动通讯共同发力5G技术

当前，我们处在一个信息化大发展的时代，各行各业都需要更好的网络支撑，从模拟到数字，从最初的2G到4G，信息传播的速度越来越快，5G技术的到来，将会为整个社会的发展带来更大的进步。

5G技术较之前的任何移动通讯技术而言体现出网络更快、时延更短、耗能更低的优点，可以大面积给物联网部署提供资源，实现真正的万物互联时代。

如果说我国的2G技术是模仿，3G技术是追赶，4G技术是跟随，那么5G技术则是推动我国通讯技术与世界同步的开始。5G技术时代将中国、美国，甚至是整个欧洲拉回到了同一条起跑线上，在移动通讯领域呈现出三足鼎立的局面。

但是由于5G技术采用了目前手机锁不支持的新技术和频率，如果用户希望感受5G技术带来的新体验，就需要更新为5G手机；如果不更新为5G手机，则无法体验5G技术。

华为、高通、爱立信等企业瞄准了5G市场，并开始疯狂瓜分，由此引发了一场激烈的产业竞争。正如小米网副总裁于澎所讲：小米一向对于未来技术的前瞻性都是比较超前的，比其他手机厂商反应更加迅速、敏捷，尤其是在黑科技的探索上，小米一直在追求科技的突破和创新。小米作为一个经济实力强大的互联网企业，向来在终端市场有一套独特的打法，并且以黑科技作为秘密武器，自然也不会在5G市场争夺战中无动于衷。

小米公司与中国移动之间合作已久，并且关系非常密切，在全国移动通讯大力发展5G技术的同时，小米公司也抓住这个全新的契机，在推出很多定制业务产品的同时勇于尝试与中国移动在5G技术方面的多层次合作。目前，小米与中国移动在5G技术发展领域的研发正在紧锣密鼓地进行。雷军为此表示：5G技术的新产品将会为小米带来更加广阔的机遇，更重要的是让全球的每个人都能享受到中国科技创新带来的乐趣。相信小米乘着5G技术的"东风"，将会为更多的用户带来更加美妙的科技体验，为用户创造出更多的价值。

09

方法论八:
竞争——强效竞争,敢打硬仗

小米的未来充满发展的前景,也充满重重竞争,小米要想打败竞争对手,就必须要培养核心竞争力并策划出一种强效竞争方式,才能将自己打造成一个强大的小米移动互联网帝国。

| 全面进入差异化竞争模式 |

当前是一个产品同质化日益严重的时代，企业要想从大众品牌中脱颖而出，唯有走差异化道路才能出现转机和奇迹。

小米一直以来坚持"为发烧而生"的理念，将全球最顶尖的移动终端技术与元器件运用到每款产品中。由于具有极高的性价比，同时产品与用户需求完美契合，再加上一系列营销模式，使得小米公司和产品在市场中备受追捧，并出现产品销售哄抢的局面。小米能够吸引广大用户和"粉丝"为其如此狂热，关键就在于其差异化竞争策略。可以说，有差异才能有市场。

差异化竞争策略又称为别具一格策略，是企业通过提供产品、服务、人员、营销、情感等差异化，在全产业范围中形成具有独特性的竞争方式。小米的差异化竞争策略主要包括：产品差异化、服务差异化、人员差异化、营销差异化、竞争者差异化。

产品差异化策略

产品是一个企业在同行业中竞争的基础，因此，产品的好坏直接影响着企业的竞争实力。然而，在当前这个时代，科技的不断普及使得产品同质化日益严重，企业要想凭借产品胜出极具难度。

为了进一步提升自己的竞争优势，诸多企业开始走产品差异化路线，通过产品差异化策略取胜。

小米公司在实施产品差异化策略的过程中，将"高性价比"和"MIUI系统"作为了主要的差异化对象。

1.高性价比

性价比是性能和价格之比，这是小米实施"低价高配"策略的体现。

> 2015年，小米推出了一款note顶配版手机。这款手机最初的定价是3299元，但其配置瞄准了市场中售价在5000元左右的高端手机。雷军为了将手机的价格一降再降，跟所有的供货商进行了多次谈判。就在公布产品价格的前一晚，对于这款手机的价格是3000元还是2999元的问题，雷军为此想了整整一个小时，打了六个电话，与几个高层沟通之后，才最终确定了价格为2999元。雷军认为2999元定价是站在高性价比的立场，3000元听上去则更像是高端手机的价位。虽然2999元和3000元之间仅差一元钱，但却体现了小米高性价比的产品差异化路线。

2.打造爆款

小米一直以来都沿袭"极致"的思维和理念，将产品打造成极致单品，这就是小米的爆款战略。虽然小米的产品看似有很多，但每个品类都只有几款产品，比如行李箱就做两三款，雨伞只做一款；其他企业要么不做，要做可能会做几百款。

小米爆款战略有两大优势：

1）可以将更多的精力和时间投入到单件或几件产品上，这样设计出来的产品无论品质还是外观都更具特色。当一件设计感十足的产品摆在消费者面前时，自然会被产品设计的新颖性吸引，进而提升转化率，吸引消费者购买。

2）爆款所带来的巨大销量，会使得小米的供应链成本下降，进而推动小米产品价格进一步降低。

3.MIUI系统

前文中也讲过，MIUI系统是小米公司基于Android进行的二次开发系统。小米不仅在自有产品中融入MIUI系统，还根据市场热度为拥有高关注度的Android机型进行适配，目前，MIUI系统用户已经达到一定的规模，3亿用户选择小米手机就是为了体验MIUI系统每周一次的更迭，MIUI系统已经成为小米手机的重要支撑力量和差异化标志。

营销差异化策略

所谓差异化营销，就是企业采用了一系列与竞争对手不同的营销手段，从而使整个企业的产品、服务、形象等别具风格和特点，为企业战胜其他竞争对手创造了很多优势。

雷军曾说过：最好的产品就是营销。小米公司在实施营销差异化策略的过程中，主要体现在四个方面，这里用4C理论进行深入分析：

1.Customer（客户）

小米非常了解自己的客户群体的需求特征，因此将自己定位为"为发烧而生"，即小米产品的配置和性能都能够让用户为之而"发烧"。小米深入洞悉消费者的真实需求，并建立了以消费者为核心的零售观念。

> 以小米手环为例。小米手环自2014年7月上市，第一年卖掉了1200万只，在行业排行榜中居第二的位置，占据了中国市场80%的份额。截至2017年上半年，小米手环已经卖出了3000万只。2018年第一季度小米手环出货量就达到了370万只。
>
> 一个小小的手环，为何能卖出如此好的成绩？原因有三：
>
> ■手环徘徊在一个小众市场里，小米用作大众产品的逻辑做小众产品，小米手环主要面向的是年轻人群体。
>
> ■巨大的价格差。小米手环售价为79元，而国外手环要1500元左右。巨大的价格差让每位敢于尝试的年轻人都有机会去尝试。
>
> ■拥有巨大的市场需求。小米手环中的几个功能，如计步、计睡眠、算卡路里、叫醒、自动解锁等功能，这些功能是大多数年轻消费群体常用的功能。这些功能往往是那些喜欢探索和接受新事物的年轻消费者当下最具潮流的市场需求。

小米总能够出其不意地借助产品的力量吸引客户，所以小米做产品的逻辑是要针对80%的用户需求做产品，满足80%的客户的80%的需求。

2.Cost（价格）

小米采用的"高端配置、低端价格"的差异化策略让用户欲罢不能，人们在注重产品体验的过程的同时，也会在价格方面给予更多的考虑。价格在很大程度上影响购买者的购买决定，小米在为每款产品制定价格的时候，都是根据消费者所能承受的价格"锚点"经过深思熟虑之后来制定的，而非"拍脑袋"而定。

3.Convenience（便利）

小米作为一家互联网公司，在销售环节也通过具备互联网特点的电子商务销售模式，消除了中间环节，这样消费者足不出户就能购买到产品，体验到了极大的便利性。小米在微博、微信、天猫、QQ空间等销售小米手机、红米手机，有效拓展了用户群，还为消费者提供了更加便利的购买方式。

4.Convention（参与）

小米非常注重用户的参与感，认为有了足够强的参与感，才能激发"米粉"形成"粉丝"群。小米的这种运作模式让"米粉"们有了很强的存在感和参与感。小米借助微博、微信的庞大用户规模，投入巨大的人力来运作，这两大平台在维系小米客户关系上起到了巨大的推动作用，也进一步提升了"米粉"的参与感。

服务差异化策略

随着互联网、移动互联网的不断发展，消费者选择购买产品的渠道越来越多，因此企业需要笼络消费者，重新赢得竞争优势。除了提供让消费者满意的产品之外，还应当将服务作为一个入手点。因为服务成本低，见效显著，所以服务差异化策略成为企业占领市场份额过程中能够"扭转乾坤"的又一法宝。

小米为了提升市场竞争力，不但实现产品差异化，更重要的是提供了能够满足客户需求和欲望的个性化服务。小米从根本上改变以往的服务方式，提升服务质量，在保证消费者权益、为消费者带来优质服务的同时，为企业创造出更加强大的竞争力。

> 以小米的客户服务为例，小米力争离客户更近一点，服务更细一点，体现了其"为用户省一点"的服务理念。小米现在采用的是新零售模式，这种营销模式使消费者体验了自主购物，也适应了现在网购的潮流。并且各大论坛及微博为网友提供了很好的交流平台，客户可以及时反馈个人意见，让小米的服务做到尽善尽美。

服务是一个企业能够给用户带来满意体验的重要因素，企业在竞争过程中一定不能忽视这一方面的竞争优势。只有打造差异化服务，为消费者带来更加优质的服务，才能提升企业在消费者心中的形象，进而俘获消费者的"芳心"，沉淀消费者规模，抢占市场份额。企业如果能做到这一点，既可以降低竞争成本，又可以加速成功抢占市场，可谓一箭双雕。

| 大胆突破，提升核心竞争力 |

雷军在2017年4月25日举办小米6X的新品发布会上介绍了小米6X的强大功能后，还向全世界宣布了小米股东们作出的一项重大决议：小米硬件的综合净利润永远不会超过5%。小米如此低的价格是如何能够保证核心竞争力的？

实际上，作为国内手机行业中的一匹黑马，小米在经历了低谷之后依然能够扶摇直上，并能够在降低硬件利润的情况下依然保持核心竞争力是有一整套强效方案的，关键在于大胆突破。

首创效应开创行业先锋

一个企业要想在竞争如此白热化的时代拔得头筹，需要有点特殊"本事"才能打败竞争对手，成功登上市场霸主的宝座。而这种特殊的"本事"，就是企业的核心竞争力。

核心竞争力是企业持续发展的竞争资源，没有核心竞争力的企业犹如手无缚鸡之力的弱者，在无比强大的竞争对手面前毫无胜算。

小米在初创期深刻地意识到了这一点，如果自身没有"练就一身与众不同的本领"，是很难在市场这样的"大江湖"中"混"的，因此，小米就处处打造核心竞争力。而"首创效应"是小米的核心竞争力之一，在"首创效应"的助力下，小米一路披荆斩棘，在诸多方面成为行业先锋。

1.首创互联网开发系统

提到小米的首创效应，人们想到的是小米基于互联网首创的MIUI系统。该系统一经出炉，马上吸引了众多发烧友的关注，并积极参与MIUI系统的改进。而发烧友们这种积极参与的方式对于业界来讲也属首创，这使得具有多样性和用户自定义的MIUI系统一开始就增加了小米的潜在用户群，为后来小米的营销打下了坚实的基础。

2.首创发布会

在小米之前，国内没有一家是采用发布会形式来销售产品的。而小米首次模仿苹果发布会，在国内还是第一次，是首创。

2011年8月16日是MIUI诞生一周年的日子，这一天，也是雷军距离自己的梦想最近的一天，同时也是乔布斯逝世的第二天。在北京798艺术中心北京会所的舞台上，小米CEO雷军身着蓝色T恤、蓝色牛仔裤，激动万分地对台下的听众讲述着这款"顶级智能手机"的诞生史。事实上雷军这身打扮带着乔布斯的影子，效仿了乔布斯的穿着风格，因此台下有的听众一时间情不自禁地喊出了"雷布斯"三个字。然而雷军却以敬重的口吻回应到"乔爷是神，很难超越。我不是乔布斯，小米不是苹果"。

发布会上，700个位置，很多"米粉"在场外席地而坐，欢呼雀跃地喊着"雷布斯"，观看着这场露天现场直播盛况。还有大量的小米发烧友将"小米限量版工程机"的预售队伍排到了100米开外的地方。

这场发布会的初战告捷为后来小米的高性价比手机开拓了市场，带来了巨大的销量，也拉开了小米快速发展的序幕。

3.首创生态链企业

小米成立至今其生态链产品种类日益增多，主要分为以下几类：

1）手机及其周边，如小米手机、移动电源、智能音箱、蓝牙耳机、手环等。

2）日常家居用品，如衣服、床垫、雨伞、拉杆箱等。

3）传统白色家电，如电饭煲、净水器、插线板等。

4）酷玩类产品，如平衡车、无人机、尤克里里等。

5）智能家庭类，如路由器、摄像头、扫地机器人、蓝牙温湿度计等。

小米生态链的大家庭中囊括了绿米、紫米、华米、润米、创米、智米、田米等公司，目前小米生态链企业已经囊括了70多家企业。小米首创生态链企业能够取得成功，关键在于其开放、不排他、非独家的特点，使得大家能够聚在一起共同打造生态链，实现共赢。

回顾小米的发展历程，不得不佩服小米精心设计的行业竞争模式，每一步都步步为营，非常稳妥，由此看出拥有别具一格的核心竞争力对一个企业的市场竞争实力的培养以及成功攻下行业"山头"至关重要。

敢于尝试"抢首发+期货"模式

小米在竞争过程中，总是能出其不意、攻其不备，让竞争对手毫无招架之力。为了能够在竞争中获得一席之地并站稳脚跟，小米在国内大胆利用"抢首发+期货"的核心竞争模式。这种竞争模式以往在国内是没有的，小米当时作为国内一家初创企业，首先考虑的是抢占国内市场，之后等到发展到一定规模之后再向国外挺进。因此，当时小米敢于打破传统思维，并尝试这一模式，也是对自我的一种突破。借助这一核心竞争力，小米吊足了消费者的胃口，成功拿下了巨大的市场份额。

1.抢首发模式

小米公司自2011年底在首批30万部手机全部发售完毕之后，接下来就是人们所熟知的每周二中午12点小米手机开放购买。在开放购买期间，庞大的用户订单瞬间如潮水般涌来，这对于一个成立还不到半年时间的初创公司而言，无异于一个巨大的挑战。在开放购买活动结束后，下一轮开放购买就开始开放预约。

为了避免这种蜂拥抢购而产生的流量峰值给小米网系统带来一定的压力，小米公司决定设计一整套独立的抢购系统，即预约用户通过在这套独立的抢购系统中抢到购买资格，购买资格以数据的形式同步到用户的购物车中，从用户抢到手机的那一刻开始，在规定的时间内，凡是成功下单并完成支付的用户，就能够拥有自己心仪的手机。

这就是小米早期的抢购模式。其实，小米运用抢首发这一营销模式，就是为了利用市场的稀缺性抢得先机。

在互联网/移动互联网时代，信息量大得惊人，要想吸引"眼球"，就需要借助自媒体方式进行传播，否则很难得到广泛关注。小米"抢首发，做第一"的营销理念大获全胜，并因此有了极强的市场竞争力。小米的抢首发营销模式是如何实现的呢？

1）高性价比成为核心竞争优势

小米之所以能够巧妙应用抢首发的营销模式，关键在于小米产品的软件、硬件方面能够实现高性价比：性价比越高，则首发的威力越大。但在高端产品方面，由于业界的世界级巨头太多，想要做首发是十分困难的。如果小米没有过硬的技术和核心竞争力，也是很难实现的。

2）抢时间，抢宣传

在抢首发模式下，如果企业经过苦心研发的优质产品不能保证第一时间推出，那么这样的抢首发是失败的。因为最佳抢首发的时机一经错过，被别人捷足先登，这样产品的销量自然就与理想中的销量有很大差距，所以在抢首发模式下，还需要将宣传活动做到位。小米每次做首发时（全球首发）都会造势，尽可能让更多的人知道自己的产品是首发，这样小米就顺理成章地收获了理想的营销效果。因此，造势的好坏直接影响抢首发的效果。

其实，小米的这种抢首发的营销模式是对传统团购模式的一种变革。小米借助这种抢首发模式为自己的营销效率带来了根本性的改观。

2.期货模式

用户要想抢到预定的小米手机，就必须经过多重步骤。具体步骤包括：

第一步：登录xiaomi.com，注册小米账号。

第二步：点击立即预约。

第三步：在发售日期进行抢购。

第四步：抢购成功，订单支付。

第五步：等待厂家生产、发货。

第六步：派货。

第七步：收货。

第八步：交易成功。

这就是小米的期货营销模式。简单来讲，期货就是一种跨越时间的交易方式，具体是指买卖双方通过签订标准化合约（期货合约），同意按指定的时间、价格与其他交易条件，交收指定数量的现货。

小米凭借这种期货营销模式为营销注入了无限活力，并引发了众多企业争相效仿，这足以证明期货模式在营销过程中极具价值。小米的这种期货营销模式完全与雷军所强调的"轻资产"路线相吻合，其优势体现在：

1）根据订单需求量生产产品，从而保证零库存

传统企业的生产模式往往是在没有市场需求预测的情况下盲目先生

产，后销售。这样给企业造成的后果是要么供过于求，造成库存积压；要么是供不应求，造成产品断货；无论哪种情况都会给企业造成巨大的经济损失。

而小米作为一家乘坐互联网"顺风车"的公司，本身就携带互联网基因，"轻""快"是小米最大的特点，也正是如此，使得小米能够走轻资产模式。与此同时，小米借助期货营销模式可以根据订单量按需生产，按需销售，这样永远不会出现货品积压和货品奇缺的现象，有效减少了库存成本，有助于小米能够更加"轻""快"地发展和成长。

2）降低产品成本，提高利润

时代的发展，使得科技更新的速度更加快速、更加趋于成熟，这样生产效率也会随之提升，市场行情也会因此而发生一定的变化。尤其是手机这样的科技行业，手机元器件一般会在一年内降价10%—20%。这也就意味着，供货期限拉得越长，产品的成本就会越低，而小米采用期货模式的目的就是为了给降低产品成本创造时间和机会。

小米每周二开放购买一次，在经过长达几个月的预售之后，其生产成本就会大幅降低。由于小米坚持销售高性价比手机的理念，所以基本上在前期销售的产品是无利润可图的，甚至是"赔本赚吆喝"。小米的期货模式基本遵循的是：前期亏损少卖赚人气，中期大卖挣利润、后期甩卖清库存。凭借这个基本原则，小米才能确保可观的盈利。

随着小米一步步发展壮大，小米已经不再需要走期货模式了。同时，在开展营销活动的过程中，小米也发现，这种期货模式容易让"黄牛"有机可乘，给"黄牛"提供了很好的非法盈利机会，相反对于广大消费者而言影响抢购心情，时间一长，会严重影响小米在众多消费者心目中的形象。

其实，不论采用何种竞争手段，都是随着企业自身发展情况以及不同的时代特征而定的。小米能够在刚起步时采取"抢首发+期货"竞争模式也是顺势而为。

| 竞争策略实施保障 |

所谓"打江山容易守江山难"，制定好竞争策略之后，关键是看如何保证竞争策略的顺利执行和实施。没有真正执行和实施并落到实处的竞争策略，无异于纸上谈兵。

小米在构建营销策略之后，也寻找更加有效的竞争策略实施保障，从而保证竞争策略能够高效、顺畅地实施。

人力资源

企业运营的每个环节中，人的作用是至关重要的。在实施竞争策略的过程中，人力资源起到了重要的配合作用。竞争策略的实施往往会引发多部门的相关人力资源问题，如竞争策略的实施会给员工带来新的机会和威胁，也会产生新的人际关系。因此，要想保证竞争策略能够顺利实施，就需要做好员工的工作，给予员工精神上的关怀和支持，调整好员工的个人价值、知识、技能与竞争策略的匹配度，合理安排员工的正确位置，与此同时，还应当注重适当的奖惩制度，以激励员工实施竞争策略的积极性。

小米在实施竞争策略的过程中，确保人力资源的合理利用，从而为竞争策略的实施提供有力的保障。

1.提升管理水平，聚集核心力量

小米初创团队堪称"豪华"，每位创始人都拥有丰富的互联网知识和经验，并且对手机行业也了解不少。经过两年时间的发展，小米已经培养了属于自己的优秀团队，这些人在手机行业有一定的优势，他们成为小米的核心力量，所以，小米要做的就是通过提升管理水平，将这些核心力量有效聚集起来，以增强公司的竞争力。

2.强效激励制度提升员工积极性

要想更好地调动员工的积极性为公司在市场竞争中发光、发热，就需要用强效的激励制度来推动每位员工的积极性、凝聚力，从而用众人拾柴火焰高的力量迎接竞争对手的挑战。

可见，掌握并运用好人力资源的力量，无疑将会在工作中起到积极的作用，更能够提高企业员工的凝聚力和战斗力，帮助企业从市场竞争中取胜。

企业文化

企业文化好比是其存在和发展的"灵魂"，如果企业没有形成企业文化，那么这个企业就像是一个"干枯的躯壳"，毫无生机。但凡优秀的企业，都有完美的企业文化底蕴，以此提高全员的文化素养和道德水准，更有助于企业上下形成强大的凝聚力、向心力，进而提升整个企业的核心竞争力。

可见，企业文化是一个企业的无形资产，成功的企业文化本身就是一种有利的竞争优势。

小米一向是一个企业文化底蕴浓厚的公司，在小米的官网上有这样一段话：我们没有森严的等级，每一位员工都是平等的，每一位同事都是自己的伙伴。小米崇尚创新、快速的互联网文化。我们讨厌冗长的会议和流程，在轻松的伙伴式工作氛围中发挥自己的创意。我们相信用户就是驱动力，我们坚持"为发烧而生"的产品理念。

这就是小米的文化，概括起来，即小米的文化是平等、创新、合作、匠心四大方面。小米公司的平等、创新、合作文化为企业员工营造了一个轻松的工作氛围，激发了员工"为发烧而生"的创新激情，更增强了员工协同合作的主观能动性；小米公司的匠心文化不但为员工树立了匠心精神，还使得"米粉"因匠心产品而不断追捧。这样的文化、这样的产品，无论对于员工还是对于用户来讲都是可喜的。

自小米公司创立以来，小米为了塑造良好的企业文化，做了很多"功课"：从吸引"米粉"进行互动式产品研发，到举办米粉节，再到创建小米之家，小米公司都将用户、员工和企业通过"为发烧而生"这一纽带紧紧地联系在一起，收获了一大批优秀员工，并成功吸引了一大批忠实的"米粉"。而优秀员工和忠实的"米粉"就是小米公司的最大财富和最强竞争力。

小米公司成功塑造的企业文化为小米带来了其他品牌不可复制的竞争力，为其竞争策略的顺畅实施保驾护航。

财务支持

市场竞争激烈程度的日益提升，使得企业都想方设法寻找能够让自己迅速占领市场先机的方法。财务管理作为企业生存和发展的命脉，无论是人才队伍的培养、企业文化的塑造，还是产品的研发、生产规模的不断扩大、先进人才和设备的引进、企业环境的改善等都离不开财务的支持，否则一切将难以为继。

从融资渠道来看，小米目前的融资主要来源于风险投资。风险投资者予以投资的企业往往是那些极富盈利潜力的高科技企业，并不是对任何企业都给予财力支持。

小米自创建至今，共获得了5次融资：

2010年4月正式启动，获得知名天使投资人及风险投资IDG、启明、晨兴攻击4100万美元的巨额A轮投资，小米的估值大约为2.5亿美元。

2011年12月，小米公司完成了第二轮9000万美元的融资，投资人除了上述三家机构之外，还有顺为基金、淡马锡、高通公司，使得小米公司的估值翻了四倍，提升到了10亿美元。

2012年6月，小米获得了第三轮融资，共计2.16亿美元，公司整体估值上升为40亿美元。投资方为国际顶级投资公司，但并未公布具体名称。

2013年8月，小米再次完成融资，本次金额达到了100亿美元。此时的小米一跃成为仅次于阿里巴巴、腾讯、百度的中国第四大互联网公司。

2014年12月，小米获得了总计11亿美元的融资，其估值飙升到了450亿美元。

小米八年来共经过了5次融资，身价翻了将近160倍。小米所获得的几次风险投资对小米公司的财务安全和长远发展至关重要，多渠道融资方式丰富了企业运营资金的来源，解决了小米科技的资金问题，是小米竞争实力不断提升的见证。

从小米的财务管理层面来看，建立健全的财务管理制度，配合产品研发、销售等环节，制定相应的经营策略是小米的重中之重。小米财务"期货"的方式确实使小米的资金压力得到一定的缓解，有效提高了现有资金的流通效率，为小米创造出了更多的经济效益，更为小米在竞争过程中争取了更多的财务支持，这也是小米竞争策略能够顺畅实施的一项重要保障。

10

方法论九：
技术——打破壁垒，敢于逆袭

任何时代，技术永远是推动一个企业革新和发展的动力。一个企业只有率先应用创新技术，才能突破发展壁垒，打造出优于同行业其他企业的竞争优势，才能获得市场先机。小米公司深谙这个道理，与时俱进，能够把握不同阶段的创新技术为自身发展创造价值，这也是小米一路走来能够实现逆袭的关键。

| 发挥大数据的力量与优势 |

在以前，我们想方设法地想得到数据，如今数据无处不在，一些看似表面上无关紧要的数据一旦将其串联起来，就能散发出巨大的商业价值和魅力。

大数据具备四个特点：数量巨大、多样化、变化快、价值密度低。当前，大数据的出现已经改变了传统企业的运营方式，更重要的是我们可以利用数据对未来可能发生的事情进行预测，这正体现了数据的权威性，也使得数据成为最有喊话权的"权威者"。小米公司作为一家互联网公司，自然不会忽视数据的威力。

小米公司经过多年的发展，使用小米手机、电视、路由器等的用户在不断攀升，截至2017年12月4日，小米董事长兼CEO在乌镇第四届互联网大会上发表演讲时，其PPT显示：MIUI全球联网激活用户已经超过3亿。如此规模庞大的用户为小米也积累了规模相当庞大的大数据，包括App使用、搜索、购物、社交、娱乐等，使得小米成为一个很好的大数据公司。然而，大数据的价值在于应用，小米在应用大数据为自身创造价值的过程中，可谓多渠道、多方法。

深度挖掘消费者市场

在小米创办之初，雷军就已经意识到了数据的重要性，所以他才把小米定位为互联网公司，并将粉丝运营放在第一位。因为在与粉丝交流、互动的过程中，可以获得更多的数据，这些数据看似冷冰冰，却可以使小米不断完善产品，并进行产品迭代。

事实上，小米对数据的这种应用方式简单来讲就是深度挖掘消费者市场，从中获得有关"粉丝"、用户的消费数据信息，从而洞察到其对产品的喜好，进而不断完善和优化小米产品。

小米的MIUI系统为何能够比Android系统更具人性化呢？关键就在于小米对数据的重视和应用。但凡用过小米MIUI系统的人都知道，小米有个令国内同行都羡慕的小米论坛，在这里每天有成千上万人贡献自己的智慧，争论到底某个细节是否需要改进、如何改进。论坛上每天都会产生各种各样的数据和信息，而这些数据和信息正好是小米工程师所关心的。

因为对于需要什么样的手机工程师这个问题，用户心里并没有底，而这些数据正好向工程师回报用户的真实需求，为了拥有更多的数据，小米的工程师还会通过论坛和微博，与用户进行一对一沟通，询问用户希望拥有什么样的手机。用户提出各种各样的要求，研发人员就将这些需求进行整合，并将其融入到新研发的产品当中，最后将设计的样品给用户看。

同时，雷军也每天会腾出一小时的时间去浏览微博、论坛上的评论和帖子，并进行一一回复。而且他还要求小米所有的工程师都要参与回复论坛上面的帖子，并且把这当成内部的一项考核指标，目的就是从评论和论坛当中挖掘出有用的数据信息，持续不断地优化小米产品，找到潜在的消费者市场。

按照用户喜好和需求生产的小米产品不被用户喜爱都难——这也正是小米与传统企业的不同之处，能够广泛收集用户产生的数据信息，预测用户喜爱的产品，并将这些信息巧妙地应用于产品迭代和创新中——这些无疑为小米的商业决策和精准营销提供了重要的依据。

实现精准营销

小米一直以来都是采取线上抢购的方式进行产品销售的，尤其是那些具有高性价比特点的手机与市场中同等配置的手机相比，价格便宜、功能齐全、质量上乘，自然成为抢手的产品。

高性价比手机吸引越来越多的人争抢购买，但由于产能和数量有限，使得小米不得不采取用户抢购、先到先得的方式，而且这种方式一直沿用至今。但是，这却给了"黄牛"们可乘之机，在用户抢不到手机的同时，"黄牛"们却能抢到很多，他们抢到之后再加价出售，通过赚取差价而牟取暴利。

"黄牛"的作为让有心购买小米期货手机的用户非常愤怒，同时也让小米良好形象大打折扣。为此，小米亟待寻找一种能够让真正的用户抢到手机，而排斥"黄牛"的方式，大数据则成为解决这一问题的有效工具。

那么如何借助大数据判断哪些抢手机的人是真正的用户，哪些是"黄牛"呢？答案是：根据用户的使用习惯。在用大数据判断的过程中，具体通过以下几个方法实现：

1.通过对抢购者使用小米账户的数据信息进行判断

如果抢购者使用小米账户，在近一年中都没有正常购买过小米商品，很可能不是真正的用户；如果这位抢购者出现频繁抢购大量小米商品，比如一次性购买10台相同型号的手机，就可以判断其为"黄牛"。

2.通过账户IP是否经常更换来判断是否为"黄牛"

当收集的数据中，发现抢购者的账户经常更换IP地址登录，那么这位抢购者就被判为"黄牛"。

3.判断用户是否到过售后，排除"黄牛"

作为一个真正的小米用户，自然会自己使用小米的相关产品，当产品在使用的过程中出现问题时，自然会去小米之家做售后。如果通过对这位抢购者进行数据分析后，发现其的确在近期去过售后，那么就可以排除"黄牛"的可能。

借助大数据精准判断抢购者是小米用户还是"黄牛"，有助于小米找准销售对象，实现精准营销。在满足用户抢购获得心仪手机的同时，也是对"黄牛"的一个有效抵制，从根本上提升了小米的形象，更牢固增强了"粉丝"的黏性。

| 拥抱人工智能，构建"小米人工智能时代" |

随着时间的推进，在不同的时代总会有创新科技迎面而来，人工智能无疑是近几年出现的前沿科技，在生活、工作、学习当中影响着每个人。作为企业而言，如果再不与人工智能接轨，就会被市场所淘汰。人工智能是一次技术革命，就像当年移动互联网来的时候，所有的企业都要拥抱移动互联网。今天，人工智能时代来临，自然所有的企业都需要拥抱人工智能。

小米看到了人工智能所带来的巨大机会，因此在人工智能领域下足了功夫，投入了非常多的资源。早在2016年年初的中国发展高层论坛上，小米CEO兼创始人雷军就发言表示：在未来的5—10年，人工智能会给大家非常多的惊喜，甚至在1年间，就会有各种各样的人工智能产生，而且，资本和人才也会流入人工智能领域。

雷军的发言并不是口头上说说而已，而是要用人工智能为小米赋能，打造一个基于人工智能的强大互联网企业。此后，小米带领团队打造了一个专门研究VR、机器人等前沿技术的小米探索实验室，并致力于打造人工智能"特种部队"，从而迎来了一个全新的"小米人工智能时代"。

2017年两会上，雷军提出了三项议案：1.加快实施人工智能国家战略；2.大力发展新零售激发实体经济新动能；3.推动中国科技企业出海。

雷军还认为，未来所有的技术公司都是人工智能公司，目前人工智能已经到了技术突破的关键节点，小米不久将发布重磅人工智能产品。

雷军的一席话充分体现了小米未来发展的方向，即向人工智能领域挺进，但同时也预示着小米正在酝酿一场非常巨大的人工智能"盛宴"。其实，小米的人工智能"盛宴"在很早之前就已经开始准备了。

2017年1月，小米给自己定下了小目标：2017年整体收入破千亿元，要聚焦5大核心战略——黑科技、新零售、国际化、人工智能和互联网金融，可见人工智能已经是小米最重要的核心战略之一。

打造生态链企业进军儿童市场

小米进入人工智能领域并不算早，2016年3月，谷歌旗下DeepMind公司开发的阿尔法狗与世界围棋冠军、职业九段棋手李世石进行围棋人机大战，结果阿尔法狗凭借其精湛的棋艺以4：1打败了世界冠军，从此人间无敌手，雷军在此次事件之后感到颇为震惊。之后，雷军才开始高调宣布正式进入人工智能领域。

实际上，当时市场上各种人工智能产品正源源不断地涌现，如微软小冰、苹果Siri等，人们随处可见人工智能的影子，人工智能也给用户带来了史无前例的完美体验。相比之下，儿童市场中人工智能领域涉足并不是很多。然而小米却对儿童领域开发人工智能产品的市场非常看好，因为儿童并不需要AI为其提供多么高深的服务，只是需要以玩伴的形式陪伴左右即可。在儿童陪护领域，智能机器人的优势是显而易见的。随着越来越多企业将人工智能家居的场景进行细分化，并逐渐延伸到智能看护领域，儿童看护机器人受到广大用户的青睐。一方面，儿童对新生事物的接受能力强；另一方面，儿童对玩伴的需求并不像成人一样复杂，儿童眼中的机器人不一定必须要做到无所不能。这也就意味着儿童市场中的机器人是比较宽泛的智能产品，并不是严格意义上的机器人，只要能满足儿童陪伴需求即可，在形态上做到多样化即可。

再加上儿童消费市场每年都在高速增长，儿童智能硬件很可能会形成亿万级别的市场，儿童消费产业是一个极具潜力的产业。所以，雷军就将目光锁定儿童人工智能市场。在2016年6月1日儿童节上，推出了一款"米兔智能故事机"，从而将"智能+儿童"的概念变为现实。

作为小米专门为儿童量身打造的儿童智能硬件，米兔智能故事浑身上下充满了"黑科技"的神秘色彩，一方面，不但能像传统的故事机一样讲故事，还能在联网后播放故事和儿歌，提升孩子的想象力和音乐感受能力；另一方面，还能为孩子提供丰富的语言环境，通过"人机对话"的方式提升孩子的语言表达能力。米兔故事机的整体设计能够为孩子带来愉悦和欢乐，让孩子对沟通和交流更感兴趣。

总之，小米打造的米兔故事机为国内的人工智能玩具和儿童产品提供了一个新的方向，使得小米智能生态链中的产品更加富有多样化、趣味化特点。

语音唤醒人工智能音箱

如今，万物互联成为时代发展的一种特色，也是所有人和企业所期待的，众多企业正在寻求更好的技术能够真正实现万物互联。

近年来，人工智能成为当下最具潜力的黑科技，小米也紧跟时代的步伐，利用集机器学习、自然语言处理、计算机视觉等技术于一身的前沿科技——人工智能，实现了真正的"万物互联"。

小米打造的这款语音唤醒AI音箱——小爱同学，从外观上看延续了小米一贯的简约纯白风格，在功能方面，小爱同学颠覆了我们以前想象的人工智能，完全就是一部能听懂用户说话的"人"。

该人工智能音箱采用了创新声波导技术，让音箱成360°环形声扬，让处于不同位置的人都能享受到无比动听的音乐，既能实现传统的网络音箱、蓝牙音箱功能，能听音乐，也能语音遥控家电，颠覆了我们对传统音箱的认识。

当然，智能AI音箱更重要的一点是"智能"。小爱同学可以听得懂我们说话，实现相应的功能，如讲故事、播音乐、计时提醒、播戏曲、备忘记录等都不在话下。可以说小爱同学是人们生活、学习中的好帮手，还能够进行远程遥控、智能查询、语音对话等。

此外，小爱同学还支持多种设备的特定组合，控制智能家居，实现场景化控制，比如设置好场景控制，对着小爱同学说一声"早安"，小爱同学就会帮你打开窗户、开灯、调节温度、打水等，让人仿佛多了一个生活助手一般。

随着人工智能技术的进一步发展，未来小爱同学还可以成为人们真正意义上的专属私人管家。

基于人的脸部特征信息进行身份识别

在人工智能领域，其中一项重要技术就是人脸识别技术。人脸识别成为众多资本蜂拥而至的创新技术。

那么什么是人脸识别技术呢？人脸识别也叫作人像识别、面部识别，实际上是近年来出现的一种基于人的脸部特征信息进行身份识别的生物识别技术。人脸识别与其他生物识别技术相比较，更具友好、简便、准确以及可扩展性等众多优势，可以广泛应用于安全验证、监控、出入监控等多个领域。目前人脸识别技术已经实现了在很多领域中的应用，如门禁考勤、访客管理等。

人脸识别技术的创新性，吸引了人们的关注。对于小米的"粉丝"而言，更加期待具有人脸识别技术的产品诞生。2018年，小米不负众望，成功研发了小米6，该款机型就内置了人脸识别技术。

实际上，在2016年8月，小米人脸检测算法团队研发的新算法就已经获得了好评，并在FDDB人脸检测准确率榜单上取得了第一名的好成绩。（FDDB是由马萨诸塞大学计算机系维护的全世界最具权威的人脸检测评测平台。）对小米手机相册的人脸自动识别归类功能，使用者无不称赞，这是小米公司在人工智能领域结出的第一个硕果。

| 入局区块链探索"无人区" |

　　一个新技术时代的来临，一个新生代技术的火爆，必然会吸引更多的人挖掘其中真正有价值的东西，而投资则是能让这种价值变现的最有效途径。如今，区块链已经成为创投圈的"红人"，它让诸领域中的业界领头人、投资大亨、学者专家等为之疯狂，激发了更多人疯狂投资的热情。小米也在这个区块链大火之际悄然布局，进入区块链领域探索"无人区"。

打造区块链宠物"加密兔"

　　区块链在国内的发展势头正盛之时，嫁接区块链技术的产品也不断涌现，游戏领域也成为各企业曾热的焦点，"数字宠物"打响了游戏区块链的第一枪。

先有百度金融区块链实验室发布区块链养宠物"莱茨狗"，后有网易发布区块链产品"招财猫"。然而，各种区块链产品依然在陆续出现，小米作为一家互联网公司，也开始在区块链方面进行布局。

2018年3月12日，小米推出了区块链产品"加密兔"游戏项目，该游戏是小米移动旗下的数字宠物服务。

根据小米官网介绍："加密兔"是由区块链基础创造出来的虚拟兔子宠物，所有的"加密兔"都被记录在公开透明的区块链上，一旦被用户拥有，别人就无法复制、修改或销毁，具有独一无二的属性。此外，开发商在"加密兔"的形象设计方面也下了很多功夫，是多种"基因"随机组合而成的，每种"基因"都体现了"稀有性"和"普通性"两种特点。

"加密兔"分为传说、史诗、罕见、稀有、普通五个等级，其分类是根据其所含有的稀有"基因"的数量和类型来决定的。《加密兔用户服务协议》中显示："加密兔"由小米移动软件有限公司商业产品团队开发，以区块链技术为基础，开发的数字宠物服务。

该游戏项目共涵盖了4项活动，包括限时领养加密兔、抽奖送萌兔、邀请好友送胡萝卜、兑换F码。之所以推出这4项活动，目的就是为了借助游戏的多样化吸引更多的玩家。

此外，"加密兔"游戏完全响应国家对数字货币交易禁令的政策，并不支持数字货币交易，用户要想获取"胡萝卜"（"加密兔"游戏中的积分）需要通过做任务获得"米粒"才能换取。而"米粒"虽然看似有点像虚拟货币，但事实上并非如此。正如小米生态链副总裁唐沐在微博上表示

"米粒"不是币，只是一个最小的去中心化的记账单位。

"加密兔"只是小米在区块链领域的试水项目，是为其他区块链产品铺路搭桥，随着区块链日益风生水起，小米在区块链大展拳脚的时刻即将到来。

区块链产品"小米WiFi链"

2018年4月19日，小米又在区块链产品方面放大招，推出了第二款区块链产品"小米WiFi链"。

"小米WiFi链"并不是区块链，只是基于区块链技术的一个应用程序，为用户提供用网价值，以区块链技术计量每个链条节点的贡献，并为之提供回报。用户可以先绑定一个WiFi，在该WiFi的各个节点上所连接的设备可以为用户贡献生长隐私，连接的设备越多，则用户获得的生长因子就越多。当然，用户还可以邀请好友获得更多的生长因子。

这里的生长因子是WiFi节点的共享计量单位，也是"米粒"的影响因子，WiFi节点的贡献越多，生长因子越多，收获的"米粒"也就越多。这也就意味着用户借助这个程序，可以攒"米粒"。"米粒"除了可以兑换"加密兔"，还可以换取F码。

可见，"小米WiFi链"能够直接将"米粒"变成小米推广的自家产品（"加密兔"、F码）的营销工具，而且还将小米打造的区块链游戏结合起来。即在推广了"小米WiFi链"的同时，又推广了小米"加密兔"，还激活了小米F码，间接地推广了小米的生态产品。

小米打造"小米WiFi链"是一种极具创新的区块链产品，这也证明了小米进军区块链领域的决心是十分坚定的。